Sophie Reyer

111
Wiener Orte
und ihre
Legenden

Mit Fotografien von Johanna Uhrmann

emons:

Bibliografische Information der Deutschen Nationalbibliothek
Die Deutsche Nationalbibliothek verzeichnet diese Publikation
in der Deutschen Nationalbibliografie; detaillierte bibliografische
Daten sind im Internet über http://dnb.d-nb.de abrufbar.

© Emons Verlag GmbH
Alle Rechte vorbehalten
© der Fotografien: Johanna Uhrmann
© Covermotiv: shutterstock.com/Mistervlad
Layout: Eva Kraskes, nach einem Konzept
von Lübbeke | Naumann | Thoben
Kartografie: altancicek.design, www.altancicek.de
Kartenbasisinformationen aus Openstreetmap,
© OpenStreetMap-Mitwirkende, ODbL
Druck und Bindung: CPI – Clausen & Bosse, Leck
Printed in Germany 2020
Erstausgabe 2019
ISBN 978-3-7408-0674-3
zweite Auflage Februar 2020

Unser Newsletter informiert Sie
regelmäßig über Neues von emons:
Kostenlos bestellen unter
www.emons-verlag.de

Vorwort

Auf den Spuren alter Märchen und Mythen wandeln – wer tut dies nicht gern? Und eines ist sicher, Geschichte kann jederzeit erfahrbar gemacht werden, denn sie ist um uns, sie befindet sich im Hier und Jetzt! Der Reiz dieses Buches liegt darin, dass er alte Wiener Sagen für alle zugänglich zu machen versucht und gleichzeitig zum Begehen der Orte, an denen sie sich ereignet haben mögen, anregt. Geschichte wird hier auf spielerische Art und Weise erfahrbar. Für Touristen und Ortsansässige, die die Stadt neu erleben wollen, für Jung und Alt sind diese Beiträge gestaltet. Sie sollen neugierig machen und über historische Hintergründe informieren, die noch unbekannt waren.

»111 Sagenorte« beschäftigt sich also mit altem österreichischen Gedankengut. Ob es bekannte und gern erzählte Geschichten wie die Namensgebung von Hernals, »Die Spinnerin am Kreuz«, »Der Basilisk« oder »Der liebe Augustin« sind oder weniger bekannte Geschichten wie »Wo sich der Teufel raufte«. Die Sagenwanderung durch ganz Wien wird in einer einfachen Sprache beschrieben, wobei ein grafischer Plan genaue topografische Daten liefert, sodass die einzelnen Orte gut gefunden werden können.

Dieses Buch präsentiert 111 der spannendsten Geschichten, einfach und zugänglich auf je einer Seite erzählt. Die Gliederung erfolgt in Bezirken und orientiert sich am Wiener Stadtbild, so soll es leicht gemacht werden, die Orte zu begehen und gewisse Routen zu planen. Gezeigt wird hier vor allem der Facettenreichtum alter Märchen und Mythen. Ohne eine besonders artifizielle oder belehrende Erzählhaltung werden knackige Nachdichtungen der Wiener Sagen präsentiert und mit Bildern und Abbildungen der für ihre Entstehung wichtigen Orte »gewürzt«. Beim Verfassen des Buches war es mein Ziel, allen Menschen eine Möglichkeit zu geben, ihr Inneres wiederzuentdecken. Denn haben wir nicht alle mit großen Augen den Gutenachtgeschichten unserer Eltern und Großeltern gelauscht?

111 Wiener Orte und ihre Legenden

1 __ Der Adler über der Hofburg

Siegesboten mal anders

In Wien direkt bei der Hofburg befindet sich eine besondere Stiege. Diese, ursprünglich in schwarzer Farbe gehalten, nennt sich Adlerstiege und existiert seit dem Jahre 1945. Sie ersetzte ihre historische Vorgängerin und befindet sich direkt unter dem Verbindungsbau zwischen der Amalienburg und dem leopoldinischen Trakt der Hofburg.

Was den Namen der Stiege betrifft, so wird Folgendes berichtet: Karl II., der letzte Herrscher aus dem Hause Habsburg auf Spaniens Thron, war am 1. November 1700 kinderlos gestorben. Sein Tod löste den Spanischen Erbfolgekrieg aus. In dieser turbulenten Zeit stand Josef I. eines Tages nachdenklich am Fenster seiner Burg in Wien und ließ den Blick über den Himmel schweifen. Er wartete mit bangen Gedanken auf Nachrichten vom Schlachtfeld. Plötzlich aber – was war das? Da kam ein riesenhafter Adler über den Amalienhof geflogen. Er segelte mit weiten Schwingen über den Burgplatz und nahm schließlich vor dem Fenster, an dem der Kaiser stand, Platz. Eindringlich betrachtete er den Herrscher, als wolle er ihm etwas mitteilen. Dann erhob sich der Adler wieder und verschwand so schnell, wie er erschienen war. Erstaunt sah der Kaiser ihm nach. Er war sich sicher: Das majestätische Tier musste ein Glücksbote sein! Und tatsächlich, schon bald darauf, am 23. Mai des Jahres 1706, traf die Nachricht vom Sieg über die Franzosen bei Ramillies ein. Da der glückverheißende Vogel über den Burgtrakt zu ihm geflogen war, beschloss Josef I., die dort angebrachte Stiege mit der Darstellung eines Adlers zu versehen. Er gab ihr den Namen »Adlerstiege«.

Eine andere Erklärung für den Namen ist, dass es sich bei dem Adler möglicherweise um das Wappentier des Königreichs Preußen gehandelt haben mag. Es ist auf jeden Fall historisch belegt, dass König Friedrich Wilhelm III. von Preußen während des Wiener Kongresses 1814/1815 Gemächer in der Hofburg bewohnte.

Adresse Hofburg, 1010 Wien | ÖPNV U3, Haltestelle Herrengasse | Öffnungszeiten
Sept.–Juni 9–17.30 Uhr, Juli–Aug. 9–18 Uhr | Tipp Sisi-Museum und Kaiser-Museum
bieten eine Fülle an spannenden Ausstellungsobjekten zur Ansicht.

2_ Die Alraunen

Von klagenden Pflänzchen

Dass die kaiserliche Hofbibliothek, die in Wien seit dem 14. Jahrhundert existiert, der Öffentlichkeit zugänglich gemacht worden ist, liegt nun bereits einige Zeit zurück. Im Jahre 1920, als die Monarchie endete, wurde diese nach der Idee des damaligen Direktors Josef Donabaum »Nationalbibliothek« genannt.

Die Sagen und Legenden zu diesem besonderen Ort jedoch haben sich wacker gehalten. So raunt man sich zu, dass es dort zwei besondere Alraunen gebe. Diese sind dem Vorsteher des Bücherschatzes angeblich in der kaiserlichen Bibliothek zu Wien begegnet. Wegen der wütenden Wesen konnte er nicht schlafen und musste das Gebäude verlassen.

Was die magischen Kreaturen betrifft, so waren sie in rotem Scharlach gekleidet. Scheinbar friedlich lagen sie in ordentlichen Totenladen da. Neben ihnen aber waren eigenartige Zeichen fixiert, und man munkelte, dass Kaiser Rudolf ll. einst seltsame magische Praktiken mit den Alraunen ausgeübt habe. So soll er sie auch, als wären sie Babys, gebadet haben – noch dazu in echtem Wein! Das hat den eigenartigen Wesen angeblich sehr gut gefallen, ja, das Weinbad beruhigte sie regelmäßig. Ohne diese besondere Pflege schrien und tobten sie wie Säuglinge!

Es lohnt sich, die Österreichische Nationalbibliothek zu besuchen, auch wenn die »Alraunenkinder« Thrudacias und Marion heute die meiste Zeit im Archiv sind. Der 80 Meter lange Prunksaal gilt bis heute als einer der schönsten Säle der Welt. Der stolze 20 Meter hohe Raum wird von einem Deckengemälde des Malers Daniel Gran gekrönt.

Weiters kann man hier 15.000 Werke aus der Sammlung des Prinzen Eugen von Savoyen betrachten sowie einige größere Sammlungen Martin Luthers. Insgesamt sind im Prunksaal mehr als 200.000 Bände zu sehen! Auch die vier venezianischen Prachtgloben sollte man besucht haben, denn sie sind jeweils über einen Meter groß!

Adresse Prunksaal der Österreichischen Nationalbibliothek, Josefsplatz 1, 1010 Wien |
ÖPNV U 3, Haltestelle Stephansplatz | Öffnungszeiten Juni–Sept. Mo–Mi und
Fr–So 10–18 Uhr, Do 10–21 Uhr, Okt.–Mai Mo geschlossen | Tipp Nicht weit von der
Österreichischen Nationalbibliothek, auf dem Josefsplatz 6, befindet sich das Phantasten-
museum im Palais Palffy, das mit bildender Kunst erfreut!

3_ Das Bärenhaus

Ein bäriges Abenteuer

Man erzählt sich, dass in der Nähe vom Lugeck einst ein Knecht lebte, der einen Pakt mit dem Teufel eingegangen war. Dieser hatte ihn bei der Schlacht von Varna im Jahre 1444 gerettet und verlangte dafür von dem Burschen folgenden Preis: In ein Bärenfell gehüllt, sollte er von nun an im Wald hausen – und außerdem dürfe er sich nie waschen. Der Knecht tat also, wie Luzifer ihm aufgetragen hatte. Als der Eigentümer des Hauses am Lugeck dem Bärenhäuter, wie man ihn nannte, begegnete, da wurde er von Mitleid ergriffen. Und so bot er dem schmutzigen Landsknecht an, seine jüngste Tochter zu heiraten, was dieser freilich gern tat!

Doch noch bevor er seine Braut zum Traualtar führte, musste man ihn ein wenig herrichten. Dabei stellte sich heraus, dass dieser Verwilderte eigentlich ein ansehnlicher Jüngling war! Das indes gefiel den zwei älteren Schwestern der Braut gar nicht; neidisch wie sie waren, begannen sie zu toben! Ja, die eine ertränkte sich sogar im Hausbrunnen, während die andere durch Erhängen in den Tod floh!

Unser Held jedenfalls lebte fortan trotz des Doppel-Selbstmordes in seinem neuen Hause glücklich und zufrieden mit seiner Frau. Zum Andenken an ihn und seine Geschichte wurde das Relief eines steinernen Bären an der Fassade anmontiert. Dieser sollte an die schwierigen Zeiten erinnern.

Im Mittelalter erhielt das Gebäude den Namen »an den Lugegk bey den Fleischpenkhen«. Der Ratsherr Erasmus Ponhaimer übernahm es 1439 und vererbte es im Jahre 1452 seinem Sohn Hanns und dessen Schwager Georg Talhaimer.

Leider wurde das sogenannte Bärenhaus, dessen Quellen bis ins Jahr 1367 zurückgehen, in der Zeit zwischen 12. und 14. April 1945 Opfer eines wütenden Großbrandes. Erst nach dem Zweiten Weltkrieg kam es zur Errichtung eines Neubaus, der 1960 von den Architekten Eugen Wörle und Bruno Doskar entworfen wurde.

4_ Der Basilisk

Das etwas andere Monster

Es ist lange her, man sagt, es war das Jahr 1212, als eine junge Magd in der Schönlaterngasse zum Brunnen ging, um Wasser zu holen. Aber was war das? Tief unten, am Grund des Brunnens, funkelte etwas! Und auf einmal begann es auch noch erbärmlich zu stinken! Sofort lief das Mädchen zurück und berichtete, was sie gesehen hatte. Ein Bäckergeselle, der besonders mutig war und der Magd zu imponieren gedachte, wollte nun sein Können zur Schau stellen. So stieg er an einem Seil in den Brunnen hinab. Bald schon aber hörte man ihn auf das Grässlichste schreien. Kaum war der Jüngling aus dem Schacht heraus, da berichtete er, dass dort unten ein Ungetüm hause, das ihn mit glühenden Augen angefunkelt habe. Das Monster habe den Oberkörper eines Hahns und den Unterleib einer drachenartigen Schlange und trage am Kopf eine Krone.

Was sollten die braven Leute des Ortes davon halten? Da man sich keinen Rat wusste, bat man schließlich einen weisen Mann um Hilfe. Der wusste genau, mit was man es hier zu tun hatte: Das Wesen im Brunnen war ein Basilisk. Der Blick eines Basilisken sei tödlich, wer ihm in die Augen sah, erstarre zu Stein. Aber zum Glück hatte der Alte auch einen guten Tipp: Würde man dem Basilisken einen Spiegel vorhalten, so würde ihn das Entsetzen über sein eigenes Antlitz vernichten.

Man begab sich also, mit einem Spiegel gewappnet, erneut hinab in den Brunnen. Der Basilisk brüllte, wie zu erwarten war, laut auf und verstummte dann – beim Anblick seines Antlitzes hatte es ihn auseinandergerissen! Danach schüttete man den Brunnen zu.

In Erinnerung an das seltsame Ereignis ließ ein späterer Besitzer des Hauses einen Basilisken an der Vorderwand anbringen, der noch heute besucht werden kann. Auch wenn die Fassade schon etwas verwittert ist, erkennt man das seltsame Mischwesen an der Gassenwand der Schönlaterngasse 7 immer noch gut.

NIMCCII·WARD ERWELDT KAYSER
HI·UNTER·SEINEM·REGIMENT IST
N·ENTSPRUNGEN AIN BASILIS
OBENSTEHENDER·FIGUR·GLEIC

5 Bekehrte Juden

Wie Statuen entstehen

Um 1725 war eine kleine Kapelle für den heiligen Johannes von Nepomuk auf der Hohen Brücke erbaut worden. Sie bestand aus sechs Marmorsäulen, die eine Statue des Heiligen umschlossen. Viele Passanten verrichteten von nun an dort ihr Gebet.

Nun begab es sich, dass ein frommer Jude einherschritt und vor den Knieenden anhielt. Neugierig betrachtete er das Abbild des Heiligen und musterte die Szenerie. Schließlich wollte einer der Beistehenden von ihm wissen, warum er denn so fragend schaue und ob er etwas vom Heiland wünsche. Da berichtete der Jude, er befände sich in einem Rechtsstreit. Er sei bereit, zum christlichen Glauben überzutreten, wenn der heilige Nepomuk ihm in dieser Angelegenheit helfen würde. Gesagt, getan. Und siehe da: Unverzüglich nahm der Prozess ein Ende, der Jude gewann tatsächlich – und konvertierte daraufhin, ganz wie er versprochen hatte, zum Christentum.

Und damit war er nicht der Einzige! Mit den Jahren wuchs die Kapelle mehr und mehr an, doch beim Brückenumbau 1858 wurde sie leider abgerissen. Ein Mosaik an der Mauer der Hohen Brücke erinnert noch an sie.

Wer heute eine Kapelle für den heiligen Johannes von Nepomuk besuchen möchte, kann dies im 9. Bezirk am Währinger Gürtel tun. Diese ist jedoch nicht so alt wie jene, von der unsere Sage berichtet. Sie wurde in den Jahren 1895 bis 1897 von Otto Wagner, einem der berühmtesten Wiener Architekten, errichtet, um die alte Linienkapelle zu ersetzen, die sich in der Nähe befand. Bei besagter Kapelle handelt es sich um Otto Wagners zweiten Sakralbau, aber seinen ersten in Wien. Es lohnt sich, das kleine Gotteshaus mit seiner kreisrunden Kuppel zu besichtigen. Spannend anzusehen ist der Grundriss: Von dem zentralen Kuppelbau aus ragen kurze Kreuzarme in vier Richtungen. Man nennt diese Anordnung auch das »griechische Kreuz«.

Adresse Mosaik auf der Hohen Brücke, Tiefer Graben 21, 1010 Wien | ÖPNV U 3, Halte-
stelle Herrengasse | Tipp Im Wiener Städtebräu auf dem Graben 29A gleich um die Ecke
gibt es die besten Wiener Brezen!

6__ Ein besonderer Schinken
Das etwas andere Mahnmal

Wer isst nicht hin und wieder gern eine gehörige Portion Schinken? So ging es wohl auch dem Mann, der die Schinken-Skulptur am Rotenturmtor haben wollte.

Dieser »Packen« war aus Holz geschnitzt und soll zur Zeit der Türkenbelagerung an dem Tor angebracht worden sein. Und zwar zu folgendem Zweck: Man wollte den Türken klarmachen, dass die Einwohner Wiens stets zum Kampf bereit seien und sich auch durch Hunger nicht bezwingen ließen! Ja, Wien zeigte noch während des Türkenkrieges all seine Speck-Seiten, das sollte dieses »Mahnmahl« demonstrieren. Einer anderen Überlieferung zufolge hängte man die Speckschwarte auf und verkündete, dass sie nur demjenigen gehören solle, der zu Hause nicht unter dem Pantoffel stehe, wie eine Inschrift forderte: »Welche Frau ihren Mann oft reuft und schlegt, Und ihm mit solcher kalten Laugen zweckt, der soll den Packen lassen henckhen. Ihr ist ein ander Kirchtag zu schencken.«

Es heißt, dass der Schinken mehr als ein Jahrhundert da hing. Dann aber kreuzte unser hungriger Held auf und wollte ihn haben. Und siehe: Der Magistrat willigte ein. Das Ganze wurde ein großes Spektakel: So versammelte sich eine riesige Menschenmenge am Rotenturmtor, um dem Mann bei seiner Kletterei zuzusehen. Eine Leiter wurde aufgestellt, auf die der Wackere hinaufsteigen und das eigenwillige Denkmal als Siegestrophäe herabholen sollte. Aber als es so weit war und es hieß »ran den Speck«, da hielt der Mann auf einmal inne – und gab zerknirscht zu, er habe Sorge, sich die Kleider schmutzig zu machen, denn seine Frau schimpfte dann immer ordentlich mit ihm! Da brach die um den Mann herumstehende Menge in schallendes Gelächter aus und verspottete ihn; er zog sich peinlich berührt zurück und suchte rasch das Weite. Später soll sich keiner mehr gefunden haben, der den »Schinken« hätte erobern wollen.

Heute erinnert ein Mosaik an das Rotenturmtor.

Adresse ehemaliges Rotenturmtor: Franz Josefs Kai 23; Turm-Mosaik: Rotenturmstraße 23/Fleischmarkt, 1010 Wien | **ÖPNV** Bus 2A, Haltestelle Rotenturmstraße | **Tipp** Am Donaukanal, nur wenige Gehminuten entfernt, liegt der Schwedenplatz.

7 _ Ein blutiges Gässchen

Von den Resten der Templer

»Blutgasse« nennt sich dieses kleine Sträßchen, das sich von der Singerstraße bis in die Domgasse erstreckt, nicht zufällig. Denn über sein Pflaster muss sehr viel Blut geflossen sein. Als der Papst im Jahre 1312 der Templerorden auflöste, sollen hier viele seiner Mitglieder auf das Brutalste getötet worden sein. Noch Jahrhunderte nach der Nacht, in der die Morde geschahen, ging unter dem gemeinen Volk die Sage, das Blut sei in Strömen über das Pflaster und in den Kellern des Fähnrichshofes geflossen. Der Fähnrichshof (Blutgasse 5, 7 und 9) soll den Templern gehört haben und bis heute ihre Schätze verborgen halten. Und in der angrenzenden Singerstraße tummelten sich angeblich Schatten, die einen purpurnen Nimbus trugen – das waren, so sagt man, die Geister all der toten Templer!

Wahrheit oder Mythos? Eines jedenfalls ist hundertprozentig sicher: Die Templer hat es wirklich gegeben. Der geistliche Ritterorden existierte von 1118 bis 1312, der volle Name lautete: »Arme Ritterschaft Christi und des salomonischen Tempels zu Jerusalem«. In den Kreisen der Templer war es jedoch üblich, den lateinischen Begriff zu verwenden: »Pauperes commilitones Christi templique Salomonici Hierosolymitanis«.

Man nimmt an, dass der Orden aufgrund des Ersten Kreuzzuges gegründet wurde. Was das Gedankengut betrifft, so wollten die Templer die Ziele des adeligen Rittertums mit jenen des Mönchtums vereinigen – eine revolutionäre Idee, denn bis dahin waren die beiden Stände streng voneinander getrennt. Zur Zeit der Kreuzzüge waren die Templer eine wichtige militärische Einheit. Erst nachdem der französische König Philipp IV. den Papst Clemens V. bedrängt hatte, wurde der Orden aufgelöst. Doch das Gedankengut selbst ließ sich nicht vernichten. Bald schon entstanden neue Gruppierungen, die auf den Ideen des Tempelordens wurzelten. Einige davon treten noch heute in Aktion.

8 Der Brand des Ringtheaters
Glück im Unglück

Nicht nur die Türken setzten Wien immer wieder in Brand. Nein, oft waren es Unfälle, die zu verheerenden Feuerschäden führten. So auch im Dezember 1881, als das Ringtheater in Flammen stand. Wie das brannte und loderte! Bei dem Unfall kamen in etwa 450 Menschen ums Leben.

Nun begab es sich, dass auch ein gewisser Dr. Karl Flaus, seines Zeichens prominenter Arzt, in derselben Nacht vorgehabt hatte, das Ringtheater zu besuchen. Als er jedoch gerade in sein hübsches Hemdchen schlüpfte, da pochte jemand an die Tür. Es war ein Mann, der aussah, als sei er ein Bettler. Er stellte sich als ein Arbeiter aus einer Schuhfabrik in der Rosensteingasse vor und bekniete den Arzt mit blassem Gesicht, dieser möge zu Hilfe eilen, denn seine Frau leide schlimme Schmerzen. Der Arzt jedoch verwies ihn an einen Kollegen, der unmittelbar in der Umgebung hauste. Davon aber wollte der arme Mann nichts wissen. Er erklärte, dass er ganz dringend genau ihn, den Dr. Karl Flaus, für sein Anliegen benötige. Was konnte da noch entgegnet werden? Dr. Flaus, der ein gutes Herz hatte, ließ sich schließlich erweichen. Freilich gefiel das seiner Frau ganz und gar nicht, aber all ihr Bitten und Schimpfen half nichts: Dr. Flaus folgte dem armen Herrn und nahm sich seiner kranken Gattin an.

Aber siehe, kaum kehrte er von getaner Arbeit zurück, da sah er von ferne einen Feuerschein am Himmel – das Ringtheater fackelte und loderte! Rasch lief Dr. Flaus heim. Und wie erleichtert war er, als er da seine Frau unversehrt vorfand. So fielen die beiden einander in die Arme, und die Frau gelobte, ihren Mann nie wieder von seiner Arbeit abzuhalten!

Heute ist von dem altertümlichen Volkstheater am Schottenring im 1. Wiener Gemeindebezirk nichts mehr übrig. Nur eine Gedenktafel am Polizeigebäude, die später dort angebracht wurde, erinnert noch an den verheerenden Abend.

ZUM ANDENKEN AN DIE OPFER
DES RINGTHEATERBRANDES.
AN STELLE DES AM 8. DEZEMBER 1881
ABGEBRANNTEN THEATERS STIFTETE
KAISER FRANZ JOSEPH I. DAS SÜHNHAUS.
DIESES WURDE IM ZWEITEN WELTKRIEG
ZERSTÖRT.
GESELLSCHAFT DER FREUNDE WIENS,   1982

Adresse Schottenring 7, 1010 Wien | ÖPNV U 2, Haltestelle Schottentor | Tipp Vier
Statuen, das sogenannte »Singende Quartett«, die auf den Pilastern der Attika standen,
befinden sich heute im Pötzleinsdorfer Schlosspark und können besichtigt werden.

9 — Der drohende Christuskopf

Spuk im Alten Rathaus

Rund um das Alte Wiener Rathaus rankt sich eine wundersame Sage. Man erzählte sich, einst sei dort ein riesengroßer, drohender Christuskopf erschienen. Es war im Jahre 1464, bei einer Sitzung besonders hoher Herren. Diese hatten sich getroffen, um ein wichtiges Dokument zu unterschreiben. Aber gerade, als sie ihre Signatur unter besagte Schrift setzen wollten – was war das! Da erschien wie aus dem Nichts ein geisterhaftes Antlitz, das an den Heiland selbst erinnerte. Und zu allem Überfluss war der Kopf auch noch von einem lodernden Heiligenschein umgeben, der so hell funkelte, dass einem richtig schlecht wurde! Da waren die Männer verständlicherweise ordentlich erschrocken. Doch – dem Himmel sei Dank – schon bald war der Spuk vorüber, das Gesicht verschwand genauso schnell, wie es gekommen war. Die hohen Herren nahmen die Erscheinung als Zeichen Gottes, das Dokument lieber nicht zu unterzeichnen.

Dem gemeinen Fußvolk blieb diese Geschichte jedoch nicht unbekannt. Schon bald munkelte man, die hohen Herren hätten da bestimmt etwas Ruchbares im Schilde geführt. Zur Warnung und Abschreckung aller mächtigen Männer brachte man daraufhin ein Bildnis von der unheimlichen Erscheinung an der Rathauswand an, das an die schauerliche Begebenheit erinnern sollte.

Als ab dem Jahre 1850 Wien rasant anwuchs, bot das Alte Rathaus bald nicht mehr genügend Raum. Daher zog die Verwaltung um – die Sage rund um das magische und geheimnisvolle Bild jedoch blieb bis zum heutigen Tage erhalten.

Ihren Spuren kann man im Alten Wiener Rathaus in der Wipplingerstraße 8 nachfühlen. Doch auch unabhängig von dieser Geschichte lohnt es sich, das Gebäude zu besichtigen. Die Amtsräume der Bezirksvorstehung sind vom üppigen Barock geprägt, zum Teil lassen sich auch noch gotische Elemente erkennen. Das besondere Bildnis allerdings ist heute nicht mehr zu finden.

Adresse Altes Rathaus, Wipplingerstraße 8, 1010 Wien | ÖPNV Bus 3A, Haltestelle Hoher Markt | Öffnungszeiten Mo–Fr 8–18 Uhr | Tipp Ein kleiner Spaziergang auf dem Hohen Markt lässt sich wunderbar mit der Besichtigung verbinden.

10__Das Ferdinandische Kreuz

Hilfe für den bedrängten König

Wer in Wien die Hofburgkapelle besucht, kann hier ein Kruzifix betrachten, von dem man sich folgende Legende erzählt: In jenen Tagen, als der Herrscher Ferdinand II. (1578–1637) die Stadt regierte, kam es zu einem Aufstand der Protestanten. Und die Masse an Menschen, die aufbegehrten, wurde größer und größer. In seiner Not kniete der junge Herrscher vor dem Kreuz nieder und bat Gott um seinen Beistand. Mit einem Mal tönte und rauschte es, und plötzlich meinte Ferdinand eine Stimme zu hören, die zu ihm sprach:»Ferdinande, non te deseram!« (Ferdinand, ich werde dich nicht verlassen!) Der Kaiser fasste neuen Mut.

Nur wenige Augenblicke später wurden die Festungstore geöffnet, und der arme Herrscher war, so schnell konnte er gar nicht schauen, von protestantischen Adeligen umringt! Die scharten sich um ihn und hatten unzählige Forderungen, ja, sie zogen ihre Kreise immer enger um ihn und bedrohten den armen Ferdinand, ihre Anliegen sofort zu erfüllen. Der Herrscher wurde am Kragen gefasst, in die Ecke gedrückt, bekniet und bedrängt. Er fühlte sich jedoch gestärkt durch das Versprechen des Kreuzes und ließ sich nicht verunsichern, nicht einmal als der Graf von Thonradtel ihn am Hemdskragen packte, ihn schüttelte und laut zu schreien begann. Doch da – welch ein Glück! Genau in diesem Moment erreichte das Kürassierregiment die Festung. Es tönten die Trompeten, es hallten Fanfaren und es wirbelten Trommelschläge. Sofort wurden die Edelleute blass und verließen mit raschen Schritten die Burg. Nun konnte Ferdinand aufatmen: Er hatte Graf Thonradtel besiegt!

Über das Kruzifix aber munkelte man von da an, dass es Wunder wirke, und verbreitete es in Form von Andachtsbildern unter dem Volk.

Die Wiener Hofburgkapelle ist übrigens die älteste Kapelle der Hofburg. Viele Jahrzehnte diente sie den Habsburgern als Hauskapelle.

Adresse Hofburgkapelle, Hofburg, 1010 Wien | ÖPNV Bus 1A, Haltestelle Habsburger-gasse | Öffnungszeiten Mo – Di 10 – 14 Uhr, Fr 11 – 13 Uhr | Tipp Die kaiserliche Schatz-kammer Wien befindet sich um die Ecke.

11 Die Fischerstiege
Reges Treiben an kiesigem Ufer

In Hardt hat es laut Sagen einmal eine besondere Stiege gegeben, die sich Fischerstiege nannte. Kein Wunder, befand sich diese doch in unmittelbarer Nähe der Donau: Ein Arm des Flusses verlief im Mittelalter dort, wo sich heute die Straße »Salzgries« befindet. Früher haben hier oft Schiffe angelegt, um die Stadt mit Lebensmitteln zu versorgen. Und es war eine Menge an Waren, die hier an Land gekarrt wurde, vor allem Salz, wie man sich später erzählte. Nicht selten nutzten die Fischer und Reisenden dann die Gelegenheit, um zur alten Ruprechtskirche zu pilgern. Sie ist dem heiligen Ruprecht, dem Schutzpatron der Salzschiffer, geweiht. Hier soll auch das Salz weiterverkauft worden sein. Und genau dazu nahmen sie angeblich den Weg über diese mysteriöse Stiege. Diese führte außerdem direkt zur Marienkapelle am Gestade, worauf man ihr später auch den Beinamen »Marienstiege« gegeben haben mag.

Historiker nehmen an, dass die Fischer- oder auch Marienstiege zu einem der ältesten Stadtteile gehört haben muss. Was den genauen Namen der Stiege betrifft, so findet man diesen in einer frühen Urkunde erwähnt: »ad gradus piscatorum« soll sich die besondere Treppe genannt haben. Diese Betitelung wurde später auf das dort gelegene Gebäude mit der Nummer 369 übertragen, das noch heute ein restauriertes Wandgemälde aufweist, dem früher angeblich folgende Schrift zugeordnet war: »Dieses Haus steht in Gottes Hand / Zur Fischerstiege wird es genannt.«

1373 jedenfalls wird der Name Fischerstiege erstmals erwähnt, 1451 änderte man ihn kurzfristig in Fischergasse, um dann wieder zu Fischerstiege zurückzukehren.

Heute ist von der Fischerstiege nur noch eine Straße im 1. Wiener Gemeindebezirk übrig. Die Katholische Kirche Maria am Gestade kann man nun über die heutige Marienstiege besuchen. An der Stelle der Fischerstiege gibt es eine moderne Treppe.

Adresse Fischerstiege 10, 1010 Wien | ÖPNV Bus 3A, Haltestelle Salzgries | Tipp Über den Salzgries läßt es sich gemütlich zur katholischen Kirche Maria am Gestade spazieren!

12 — Ein fremder Königssohn
Von Steinen und Märtyrern

Auch einige Märtyrer fanden, schenkt man den Überlieferungen Glauben, in Wien ihren Tod. So auch der besondere Koloman. Bei diesem soll es sich um einen jungen irischen Königssohn gehandelt haben, der beschlossen hatte, in die weite Welt hinauszugehen. Frohen Mutes brach er auf und wandelte die Donau entlang, bis er schließlich Stockerau erreichte. Müde geworden, beschloss der Jüngling, dort in einer Herberge einzukehren. Leider aber trieb sich in der Zeit einiges an üblem Volke umher, und man verdächtigte den »Exoten«, ein Spion zu sein. Daraufhin wurde der junge Koloman ins Verlies geworfen, wo man ihn auf brutale Art und Weise folterte. Da er der deutschen Sprache nicht mächtig war, konnte der Königssohn sich nicht zu erkennen geben, und schon bald band man ihn an einen Stein, an dem er sterben sollte, auf dass die Raben seinen toten Leib verzehrten.

Doch siehe, kaum war Koloman dahingeschieden, da kam der liebe Gott zu Hilfe, und auf dem Baum, der neben dem Stein stand, sprossen mit einem Mal Blüten! Auch die Raben wollten und wollten nicht kommen, um sich an der Leiche zu vergehen. Stattdessen aber jubilierten Singvögel in den höchsten Tönen. Zerknirscht sahen die Stadtväter ihren Irrtum ein und begruben den Jüngling rechtmäßig, woraufhin auch sofort herrliche Blumen aus dem Grabe sprossen.

Im folgenden Jahr kam der alte Waffenmeister Kolomans in Stockerau an und begann sogleich nach dem Königssohn zu suchen. Ihm kam das schlimme Schicksal seines Freundes zu Ohren, woraufhin er vor lauter Gram verschied!

Aber siehe, als man die Leichen des toten Jünglings und seines getreuen Dieners zusammen bestatten wollte, was musste man da erkennen? Kolomans Leiche war ganz und gar unversehrt, jung und blühend! Im Andenken an die beiden brachte man daraufhin beim Bischofstor der Stephanskirche direkt am Türstock den Stein an, auf dem Koloman verschieden sein soll. Noch heute ziert ihn eine vergilbte Inschrift, die von Kolomans Wundertaten erzählt.

Adresse Stephansdom, Stephansplatz 3, 1010 Wien | ÖPNV U 3, Haltestelle Stephansdom | Öffnungszeiten Mo–Sa 6–22 Uhr, So 7–22 Uhr | Tipp Um die Ecke befindet sich die Wiener Buchhandlung Facultas, die eine spannende Sammlung an Wissenschaftsliteratur anzubieten hat.

13 — Eine Glocke mit Feingefühl

Von unerwartetem Geläute

Am 4. Juni 1726 war Pater Sacrista zusammen mit seinem Bruder auf dem Nachhauseweg von einem Krankenbesuch. Unterwegs kamen die beiden an der Loreto-Kapelle in der Augustinerkirche vorbei. Aber was war das? Während ihres Spazierganges mussten die beiden Männer mit einem Male innehalten, denn plötzlich ereignete sich etwas Seltsames: Die Glocken, die man ja sonst betätigen musste, begannen an diesem Tag wie von selbst, ihren Klang von sich zu geben. Sie dröhnten und bimmelten so stark und laut, dass es sogar der Priester der Augustinerkirche selbst bis in sein Zimmer hinauf hören konnte! Unglaublich, aber wahr! Was dieser komische Spuk jedoch bedeutete, ob er gar ein Unglück ankündigen sollte, das wusste keiner von ihnen zu sagen.

Doch schon kurz danach rief Gott Baron von Thavonath, dessen Familie in der Loreto-Kapelle ihre Gruft hatte, zu sich. Ob die sensible Glocke wohl diesen Tod vorausgeahnt haben mag?

Aber damit nicht genug! Am 5. September des Jahres 1723 erklang kurz vor Mitternacht – freilich war die Kirche geschlossen – Orgelmusik in dem Gotteshaus. Ja, wirklich! Nicht nur die Diener des Grafen von Zinzendorf, der damals in der Nähe der Kirche hauste und sich großen Ansehens erfreute, sondern auch zufällige Passanten haben den Klang angeblich ganz klar wahrgenommen. Dass es sich um keine Illusion gehandelt haben kann, ist durch die beiden unterschiedlichen Berichte doch wohl bewiesen, oder?

Ob die Loreto-Kapelle ein magischer Ort gewesen sein mag? Am besten macht man sich selbst davon ein Bild! Das ist nicht allzu schwierig, denn die Loreto-Kapelle in der römisch-katholischen Augustinerkirche im 1. Wiener Gemeindebezirk kann regelmäßig besichtigt werden. Seit 1784 befindet sie sich in der südlich an die Kirche anschließenden Kapellengruppe. Sie beherbergt heute Urnen, in denen die Herzen zahlreicher Habsburger beigesetzt sind.

Adresse Augustinerkirche, Augustinerstraße 3, 1010 Wien | ÖPNV Bus 2A, Haltestelle Albertinaplatz | Öffnungszeiten Mo, Mi, Fr 7.30 – 17.30 Uhr, Di, Do 7.30 – 19.15 Uhr, Sa, So 9 – 19.30 Uhr | Tipp Die Albertina befindet sich gleich um die Ecke, sie bietet ein wunderbares Programm im Bereich der Malerei und der bildenden Kunst.

14 Der Heidenschuss
Unterirdische Heimsuchung

Zu jener Zeit, als die Türken Wien belagerten, trug es sich zu, dass einmal ein junger Mann beim Stadtkommandanten erschien. Er war ganz außer Atem, erklärte, er sei ein Überläufer, und erzählte, dass die Türken angeblich planten, die Stadt zu sprengen. Ja, dafür hatten sie laut seines Berichtes sogar schon unterirdische Tunnel für die Pulverladungen angelegt. Freilich war der Kommandant da sehr erschrocken, denn wenn das wirklich stimmte, würde Wien bald schon in seinen Grundmauern erschüttert werden! Sofort befahl er seinen Untertanen, alles Erdenkliche zu tun, um sich zu schützen. Er ordnete an, dass sämtliche Hausbesitzer, die in der Nähe der Stadtmauer wohnten, Eimer mit Wasser anfüllen und in den Kellern aufstellen sollten. An der Wasseroberfläche würde man erkennen, ob der Boden bebte. Und wenn das geschah, dann wusste man, wo die Türken gruben. Sofort gingen die Stadtbewohner an die Arbeit.

In einer der folgenden Nächte war der Bäckergeselle Josef Schulz auf der Freyung an der heutigen Strauchgasse in einem Keller und arbeitete am Backofen. Da nahm er plötzlich ein dröhnendes Gerassel wahr. Schließlich schien ihm, als höre er auch leise Gespräche. Und tatsächlich: Das Wasser in den Eimern begann, in Rotation zu geraten! Da dachte unser Freund nicht lang nach. Sofort rief er nach dem Kommandanten und seinen Dienern. Diese handelten schnell und begannen sogleich, einen Tunnel zu graben, der beim Keller des Bäckerhauses begann.

Und siehe, innerhalb kürzester Zeit entdeckte man einen Gang, der von den Türken stammen musste. Der Stollen, in dem schon eine große Ladung Pulver zum Verbrennen lag, wurde freilich sofort zugeschüttet.

Das Haus, in dem die »Heiden« mit ihren Sprengungen beginnen wollten, hieß von dieser Zeit an »Zum Heidenschuss«. Den jungen Bäcker aber feierte man als großen Helden.

Adresse an der Ecke Strauchgasse und Heidenschuss erinnert eine kleine Reiterfigur am Palais Montenuovo an die Belagerung, 1010 Wien | ÖPNV U 3, Haltestelle Herrengasse | Tipp Manch einen schon hat das um die Ecke gelegene schillernde Palais Ferstl erfreut!

15 Der heilige Christoph

Wenn Fromme in Ewigkeit warten

In der Salvatorgasse, gegenüber dem alten Magistratsgebäude, stand lange Zeit eine Statue, die einen Mann mit einem Stab in der Hand zeigt. Einfacher Bauer oder Heiliger? Definitiv Letzteres, es handelte sich hier um den heiligen Christophorus. Von ihm erzählt eine spannende Sage.

Eines Tages begegnete der heilige Christophorus in einem Wiener Gasthaus der tapferen Eselin, die Christus einst in die weite Welt hinaus getragen hatte. Freilich freuten sich die beiden sehr, einander hier zu treffen, und so begannen sie zu plaudern, erzählten einander, was sie so alles erlebt hatten und wohin die Reise nun gehen sollte. Zunächst verlief alles sehr friedlich. Nach einiger Zeit aber begannen sie darüber zu streiten, wem von ihnen Christus denn eigentlich mehr zu verdanken habe. Jeder dachte natürlich von sich, er sei der wichtigste Begleiter des Heilands gewesen! Da folgte ein Gestichel auf das nächste, und manch unchristliches Wort wurde dem anderen an den Kopf geworfen. Das Ganze ging so lang, bis sich der heilige Christophorus, so fromm er auch war, nicht mehr beherrschen konnte: Er holte aus und gab der Eselin eine schallende Ohrfeige, dass diese bald nicht wusste, wo oben und wo unten ist. Die Arme! »Jetzt reicht's!«, rief die Eselin daraufhin erbost aus. »Ich gehe zum Stadtrat und verklage dich!« Mit hastigen Schritten lief sie fort.

Der heilige Christophorus rannte ihr hinterher, und als er sah, dass sie in den Eingang eines Hauses in der Salvatorgasse schlüpfte, positionierte er sich davor und wartete beharrlich. Irgendwann würde die Eselin doch wieder herauskommen, oder? So dachte er zumindest.

Leider aber wartete der Heilige vergeblich. Irgendwann, als er starr wie eine Statue geworden war, verfrachtete man ihn in die Salvatorkirche, wo er noch heute betrachtet werden kann. Die Eselin aber hat keiner je wiedergesehen.

Adresse Salvatorkapelle, Salvatorgasse 5, 1010 Wien | ÖPNV Bus 3A, Haltestelle Hoher Markt | Öffnungszeiten Veranstaltungen unter https://stsalvator.altkatholisch.info | Tipp Wer nach der Besichtigung der Kapelle etwas Unterhaltung braucht: Das Kino »Artis« befindet sich nur wenige Gehminuten entfernt.

16 Die Himmelpfortgasse

Übers Fortgehen und Heimkehren

Auch Klosterschwestern können Sehnsucht nach der weiten Welt haben: So ging es auch dem jungen Mädchen, das als Pförtnerin im Kloster in der Himmelpfortgasse tätig war. Zugegeben, ihre Gefühle waren gemischt, als sie beschloss, das Stift tatsächlich zu verlassen und sich auf in die Welt zu machen. So bat sie noch ein letztes Mal das Gnadenbild der Gottesmutter um ihren Beistand. Aber jetzt: Auf Richtung Süden! Ja, denn die Klosterschwester wollte Rom besuchen!

Sie hatte jedoch gerade erst Graz erreicht, da begegnete ihr ein entzückender Schmied. Dieser verliebte sich, wie es nun einmal so ist, sofort in die junge Frau, und die beiden heirateten. Sie verbrachten viele glückliche Jahre miteinander. Doch eines Tages griff unter dem Volke eine schlimme Seuche um sich. Auch Graz blieb nicht verschont: Die gesamte Familie der ehemaligen Nonne wurde dahingerafft! Kein einziges ihrer Kinder überlebte. Sie litt furchtbar und weinte bitterlich. Da dachte sie traurig daran, wie viel Segen ihr die Gottesmutter doch immer gebracht hatte. Und sie entschied sich, schnurstracks zu dieser zurückzukehren!

Wacker brach die Frau auf, zurück nach Wien. Mitten in der Nacht erreichte sie das Kloster, in dem sie einst Pförtnerin gewesen war. Sie trat an das Tor, doch was war das? Ein von hellstem Schimmer nur so flimmerndes Wesen trat ihr entgegen. Es war – wir ahnen es bereits – die Heilige Jungfrau selbst! Als die ehemalige Nonne sie auf Knien um Vergebung dafür bat, dass sie damals das Kloster verlassen hatte, da lächelte die Heilige im hellen Scheine jedoch nur sanft und entgegnete, sie habe ihr längst vergeben. Dankbar ging die alte Pförtnerin zu dem Gnadenbild, vor dem sie vor so vielen Jahren regelmäßig gebetet hatte! Dort sank sie nieder und starb.

Die Himmelpfortgasse gibt es noch immer. Sie erinnert an das damalige Kloster, die gütige Gottesmutter und die mutige Klosterschwester.

Adresse Himmelpfortgasse, 1010 Wien | ÖPNV U 3, Haltestelle Stephansplatz | Tipp Auch das allseits bekannte Kabarett Ronacher befindet sich hier.

17 Die Jungferngasse

Von frechen Orgien

Gar nicht besonders jungfräulich war die Dame, der das Jungferngässchen in Wien seinen Namen verdankt. Im Gegenteil!

Das hübsche Mädchen trug den Namen Frowiza. Sie pflegte einen ziemlich unsteten Lebenswandel, und man erzählte sich, dass in ihrem Hause mancherlei Orgie gefeiert wurde. Die jungen Männer waren verrückt nach ihr!

So auch der Sohn des damaligen Stadtrats Stephan Knogler, ein ehrenwerter Mann, der genau gegenüber dieser leichtfertigen Dame wohnte. Dergestalt geschah es, dass Knogler junior eines Nachts nun, als die ganze Stadt schlummerte, aus dem Fenster über den Schwibbogen kletterte, der sein Haus mit dem von Frowiza verband. Unbedingt wollte er bei einem der berüchtigten Gelage dabei sein!

Von da an besuchte der Jüngling Frowiza immer wieder. Eines Nachts aber ertappte ihn der Vater dabei: Er sah, wie der Sohn im Mondschein betrunken über die schmale Brücke wankte, trällerte und torkelte. Voller Wut brüllte der redliche Mann seinem Sprössling eine bitterböse Drohung entgegen. Der erschrak, geriet ins Straucheln, stürzte sofort ab und – brach sich das Genick! Natürlich ließ der Mann dem Mädchen daraufhin sofort den Prozess machen! Frowiza wurde der Unzucht für schuldig befunden. Zur Strafe musste sie barfuß mit einem Strohkranz in der Hand vor der Kirche stehen und sich beschimpfen und verspotten lassen. Mädchen, die auf diese Weise öffentlich bloßgestellt wurden, fanden oft keinen Ehemann mehr. Der Strohkranz wurde mit einem Besen, also einem Reinigungsgerät, verglichen, weshalb man diese Frauen im Volksmund auch gern als »Wischtuch« bezeichnete.

Dem Gässchen aber, früher »Sankt Peters Freithof« genannt, gab man nach diesem Ereignis den Namen »Das leichtsinnige Jungfrauengässchen«. Später hieß es dann nur noch Jungferngässchen, während man Schwibbögen bis heute als Junkerbrücken bezeichnet.

Adresse Jungferngasse 6 (Frowizas ehemaliges Zuhause), 1010 Wien | ÖPNV U3, Haltestelle Stephansplatz | Tipp In wärmeren Zeiten empfiehlt es sich, die Hände im Josefsbrunnen zu kühlen.

18 Die Kapelle der Templer
Von Herren und Hälsen

Der Orden der Templer galt schon immer als besonders wohlhabend. So besaß er auch in Wien mehrere Grundstücke. In Hernals, dem 17. Bezirk, lässt sich bis auf das Jahr 1200 eine Templerniederlassung zurückverfolgen. Urkundlich wurde sie erstmals 1302 erwähnt. Nach vielen Jahren jedoch tauschten die Templer diese Niederlassung mit dem Schottenstift gegen eine Backstube in der Bräunerstraße 7 ein. Auch auf dem Areal des 1226 gegründeten Dominikanerklosters in der Postgasse 2 bis 4 soll es eine Zentrale der Templer gegeben haben, möglicherweise in der Kapelle. Leider ist die Chronik, die dies belegen könnte, verloren. Auf dem Areal wurde 1631 der Grundstein für die noch heute hier zu bewundernde Dominikanerkirche St. Maria Rotunda gelegt. Auch die vermutete Verbindung der Templer mit der unterirdischen Virgilkapelle neben dem Stephansdom lässt sich nicht beweisen. Dennoch geht unter dem Volk die Sage, dort lägen noch immer Schätze der Templer verborgen.

Der Reichtum der Templer war es auch, der zu ihrer Auflösung führte. König Philipp IV. waren die umfangreichen Besitztümer und die damit verbundene Macht des Ordens ein Dorn im Auge. Er beschuldigte im Jahre 1307 alle Mitglieder der Ketzerei. Viele Templer wurde in Ketten gelegt und in den Kerker geworfen. Schließlich löste Papst Clemens V. auf Druck des Königs den Orden im Jahre 1312 auf. Die Besitztümer der Templer wurden beschlagnahmt, oft auf grausamste Art und Weise. So sollen auch in Wien Bewaffnete in die Ordensburg eingedrungen sein, die Templer am Hals ergriffen und ermordet haben. Dieses dunkle Kapitel der Geschichte soll die Basis für die Namensgebung Hernals gewesen sein, eine Verschmelzung von »Herren« und »Hals«. Manche vermuten auch, dass die Templer so reich waren, dass ihnen praktisch alles im 17. Bezirk unterstand, und vermuten hinter der Namensgebung eine Verbindung von »Herren« und »alles«.

Adresse Katholische Kirche Maria Rotunda, Postgasse 4, 1010 Wien | **ÖPNV** U 3, Halte-stelle Stubentor | **Öffnungszeiten** Di 9–12 Uhr, Do 15.30–16.30 Uhr und nach Absprache | **Tipp** Das MAK befindet sich direkt gegenüber der U-Bahn-Station Stubentor.

19 — Das Kloster St. Jakob

Ein Heiliger erscheint im Traum

Im 13. Jahrhundert sandte der heilige Jakob den Menschen in Wien ein Zeichen: Am Ufer des Wienflusses, genau da, wo sich heute das Gymnasium Stubenbastei befindet, wurde eine Statue des Heiligen angeschwemmt. Keiner wusste, woher diese wundersame Skulptur gekommen war! Herzog Leopold V. jedoch, der damals die Stadt regierte, verstand die Botschaft des heiligen Jakob und ließ zu seinen Ehren daraufhin eine Kirche und ein Kloster erbauen, »Sankt Jakob auf der Hülben«. In dem Gotteshaus soll sich auch eine Darstellung der heiligen Maria befunden haben, die hin und wieder sehr vergnügt gewesen zu sein schien. Laut Berichten lächelte sie an Frauentagen stets vom Altar hinab!

Über die Jakobstatue munkelte man, dass sie über besondere Kräfte verfüge: Kein Feuer konnte ihr etwas anhaben, und auch von Fäulnis blieb sie verschont! Zugegeben, der Sockel stank eine Zeit lang aufs Gräulichste und musste neu gestaltet werden. Aber das ist doch nach all den Jahren kein Wunder, oder?

Doch die Jakobstatue war nicht das einzige Zeichen, das Gott Herzog Leopold schenkte. Zur selben Zeit erschien der heilige Augustinus drei Frauen, die keine Kinder gebären konnten, im Traum. Das deutete der fromme Leopold ebenfalls als Omen und errichtete daraufhin ein Kloster, das er den Augustinerinnen weihte. Verlässlichen Quellen zufolge ist das Augustinerinnenkloster eines der wichtigsten römisch-katholischen Nonnenklöster im Wiener Stubenviertel gewesen. Man nimmt an, dass es zu Beginn des 13. Jahrhunderts erbaut wurde, da es 1256 in einer Urkunde als bereits bestehend erwähnt wird. Im 19. Jahrhundert schließlich begann man, an diesem Ort neue Gebäude zu errichten. Eines davon ist das Gymnasium »Stubenbastei«. Die heute gängigen Namen Jakoberhof und Jakobergasse gehen auf Kirche und Kloster zurück. Das Kloster ist heute nicht mehr erhalten, und auch die Kirche wurde leider im Jahre 1784 abgetragen.

Adresse anstelle des Klosters steht heute ein Gymnasium, Stubenbastei 6–8, 1010 Wien |
ÖPNV U 3, Haltestelle Stubentor | **Tipp** Das Kabarett Simpl mit spannendem und
witzigem Programm befindet sich gleich um die Ecke!

20___Das Kreuz im Königskloster

Ein robustes Bild

Dass sich auch Jesus Christus auf einem Kreuzbild selbstständig machen kann, beweist die Sage vom Kruzifix im Königskloster. Mit dem Kreuzbild, das bis heute in der Barbarakirche in Wien zu finden ist, soll es laut Geschichte folgende Bewandtnis gehabt haben: Einmal – es war das Jahr 1642 – lud ein frommer katholischer Christ zwei Protestanten zu sich nach Hause ein, damit man gemeinsam ein wenig Karten spiele. Aber wie sie dort zusammen am Tisch saßen, verspielten die Lutheraner eine Runde nach der anderen. Sie verloren wieder und wieder. Der Hausherr hingegen schlug sich überaus gut, was den Lutheranern freilich gar nicht gefiel!

Mit der Zeit wurden die beiden Kerle überaus missmutig und begannen schließlich, über das Kreuz, das über dem Spieltisch an der Wand hing, zu schimpfen. »Wenn wir noch einmal verlieren, dann hole ich Jesus da runter!«, rief schließlich einer der Ketzer erbost aus und wollte schon aufspringen. Der Heiland aber kam ihm zuvor: Er stieg vom Kreuze herab und stürzte sich auf die beiden Lutheraner, die an Ort und Stelle starben. Dem katholischen Hausherrn erging es kaum besser, doch ihm gestattete Gott, noch zu beichten und vor seinem Tode einen Erben festzulegen, einen gewissen Johann Kaspar Zwingt. Dieser leitete damals das Königskloster. Später schenkte er den emanzipierten Jesus Christus der Kirche.

In den Jahren danach erfreute sich das Kruzifix großer Beliebtheit; ja, auch Königin Elisabeth soll es geliebt haben – angeblich hat sich ihr die Christusfigur sogar zugewandt! Ihre Verehrung für das Kreuz ging so weit, dass sie dermaßen viele Tage im Gebet davor verharrte, dass ihre Knie einen Abdruck im Boden hinterließen! Wer will, kann noch heute ihre Spuren in der Barbarakirche bewundern!

Die Barbarakirche in der Postgasse ist übrigens der Hauptsitz der griechisch-katholischen Kirche Österreichs und sehr beliebt.

Adresse Barbarakirche, Postgasse 8–12, 1010 Wien | ÖPNV U3, Haltestelle Stubentor | Öffnungszeiten Mo–Fr 8–18 Uhr | Tipp Das nahe gelegene Café Engländer ist eine Institution, in der bereits Yoko Ono gespeist hat.

21 Der liebe Augustin

Eine Handvoll Freude gegen die Pest

Einige Jahrhunderte ist es her, dass die Pest – eine hochgradig ansteckende Infektionskrankheit – in Wien wütete. Das Allerschlimmste war damals, dass die toten Leiber einfach auf der Straße liegen blieben und so die weitere Ausbreitung der Pest begünstigten! So begann man, die Toten aufzusammeln und außerhalb der Stadt in Pestgruben zu verscharren.

In dieser Zeit hauste auch der Sänger und Gaukler Markus Augustin in Wien. Dieser hielt sich mit Vorliebe in dem Gasthaus »Zum roten Dachel« im 1. Bezirk auf, wo er die Besucher mit seinen Liedern erfreute und immer wieder gern ein Gläschen trank. Eines Tages geschah es, dass Augustin betrunken auf der Straße niedersank. Er dachte noch, dass er es heute aber ordentlich übertrieben hatte, dann fiel er in tiefen, glücklichen Schlaf. Die Burschen aber, deren Aufgabe es war, die Toten zu entsorgen, hielten Augustin für tot und trugen ihn zu einer der Pestgruben. Das gab aber ein böses Erwachen! Am frühen Morgen reckte und streckte sich der liebe Augustin – und begriff schlagartig, wo er sich befand! Kaum kamen die Pestjungen wieder, um eine neue Ladung toter Menschen in das Loch zu werfen, da rief er nach ihnen und bat, man möge ihn doch aus der Grube befreien! Gesagt, getan. Was diese besondere Nacht jedoch betrifft, so hatte Augustin – ja, man glaubt es kaum – keinen Schaden erlitten! Im Gegenteil: Er erfreute sich noch lange bester Gesundheit und starb Jahre später eines natürlichen Todes.

Der Augustinplatz im 7. Bezirk soll bis heute an den lieben Augustin und seine Geschichte erinnern. Doch auch in der Inneren Stadt findet man einige Hinweise auf den besonderen Musiker. So geht zum Beispiel die Sage, dass der liebe Augustin nur allzu gern im damaligen Sabelkeller, der sich in der heutigen Wipplingerstraße 19 befand, sein Gläschen kippte, wo er angeblich gern sein Lied zum Besten gab.

Adresse in der Wipplingerstraße gibt es leider keine Spuren mehr, aber beim Griechenbeisl erinnert ein Schild an den lieben Augustin, Fleischmarkt 11, 1010 Wien | ÖPNV Bus 1A, Haltestelle Schwertgasse; Beisl: U 1, U 4, Haltestelle Schwedenplatz | Tipp Bei Besuch des Griechenbeisls lohnt es sich, das Lied »O du lieber Augustin« zu pfeifen und dabei für einen Moment fröhlich zu sein. Auch die Österreichische Postsparkasse ist in der Nähe und kann besichtigt werden.

22 Maria mit der Axt

Eine robuste Gnadenstatue

Die sagenumwobene »Maria mit der Axt« zählt unterm Volk zu den wichtigsten Besonderheiten Wiens. Man munkelt, dass die Gottesmutter auch in der Zisterne Nepomuk Wunder bewirkte. Vielleicht war das der Grund, aus dem Protestanten hartnäckig versuchten, ihr den Garaus zu machen?

Andreas von Sternberg, Sohn eines böhmischen Adelsgeschlechts, war im 16. Jahrhundert im Besitz der Statue. Der Protestant ließ das Gnadenbild aus der Kirche entfernen, aber – wie von Geisterhand bewegt, befand es sich am nächsten Tag doch wieder dort! Rasend vor Wut versuchte Andreas immer wieder, die »Maria mit der Axt« zu vernichten. Erfolglos! Flammen konnten ihr nichts anhaben, und als man einen wackeren Burschen beauftragte, die Statue zu zerhacken, misslang auch dies. Sogar aus einem Ofen hüpfte das Heiligtum angeblich ohne gröbere Beeinträchtigungen wieder heraus!

Das Ganze ging so lange, bis Andreas und sein Bruder Ferdinand schließlich verrückt wurden. Ferdinand erstach in seinem Wahn sogar seine Mutter. Zum Glück hatte der Spuk ein Ende, als der jüngste der Brüder, Graf Ladislaus, ein gläubiger Katholik, das Gnadenbild bekam. Er hatte die clevere Idee, es auf einen Feldzug gegen die Türken mitzunehmen!

Und siehe da, in der Schlacht war die Muttergottes ein guter Talisman und brachte dem Heer einen bedeutenden Sieg. Doch kurz darauf verschuldete sich Graf Ladislaus schwer und musste die wertvolle Marienstatue verkaufen.

Die Geschichte der Statue allerdings war damit noch lange nicht zu Ende, der neugierige Graf Turnowsky kaufte das Marienbild und ließ es nach Wien transportieren. Laut Sage hat die Maria mit der Axt auf dieser Reise sogar ein krankes Pferd geheilt! Schließlich aber überließ der Graf das Gnadenbild 1607 dem Franziskanerkloster. Denn er hatte Angst, der Spott seiner protestantischen Frau könnte die Jungfrau erzürnen. Ob er recht gehabt hat?

Adresse die Statue steht heute in der Franziskanerkirche, Franziskanerplatz 4, 1010 Wien |
ÖPNV Straßenbahn 2, Haltestelle Weihburggasse | Öffnungszeiten Mo–Fr 9–12 Uhr |
Tipp Das Provinzmuseum befindet sich gleich nebenan!

23__Pater Abrahams Wette
Gespaltenes Publikum

Im Jahre 1677 ernannte Kaiser Leopold den Priester und Redner Abraham a Sancta Clara zu seinem Hofprediger. Mit seiner Begeisterung für den eloquenten Mann war er nicht allein, im Gegenteil: Zum Bersten voll war die Augustinerkirche stets, wenn der berühmte Abraham a Sancta Clara hier Gottes Wort verkündigte. Und zugegeben: Die Art und Weise, wie er das Publikum fesselte, war wirklich außergewöhnlich! Von nun an ging der Priester im Schloss des Kaisers ein und aus. Und weise wie er war, wurde er darob nicht hochmütig, sondern nutzte seine neu gewonnene Macht, um unglücklichen Bürgern zu helfen.

Und schon bald fand sich hierfür eine konkrete Möglichkeit: In der Zeit nämlich hatte es in Lichtenthal einen verheerenden Brand gegeben, der die Menschen ohne Obdach verzweifelt zurückließ. Abraham a Sancta Clara beschloss zu helfen. Er bat die Adeligen und reichen Männer des Landes, die armen Bewohner mit einer Spende zu unterstützen. Aber die hohen Herren ließen sich kaum erweichen und gaben nur zögerlich ein paar Dukaten her.

Doch Abraham war schlau – und so schlug er folgende Wette vor: Er sagte, er wolle ihnen eine Predigt halten, bei der die eine Hälfte von ihnen weinen, die andere aber lachen müsse. Wenn ihm das gelänge, würde er Geld für die Opfer bekommen. Gesagt, getan: Abraham teilte seine Zuhörer in zwei Gruppen. Er stellte sich vor die erste Gruppe und berichtete so eindringlich von den Leiden der Opfer, dass die hohen Herren ihre Tränen nicht zurückhalten konnten. Währenddessen saß die zweite Hälfte in Abrahams Rücken, mit Blick auf seinen Allerwertesten. Da zog er heimlich einen großen Fuchsschwanz hervor und hielt ihn sich an den Hintern. Doch damit nicht genug! Jetzt begann er auch noch, mit dem Schweif herumzuwedeln! Die Adeligen, die hinter ihm saßen, lachten freilich laut auf – und siehe: So hatte Abraham a Sancta Clara seine Wette gewonnen!

Adresse Augustinerkirche, Augustinerstraße 3, 1010 Wien; Statue von Sancta Clara im Burggarten (Ausgang Hanuschgasse) | **ÖPNV** Bus 2A, Haltestelle Albertinaplatz | **Öffnungszeiten** Sa, So 9 – 19.30 Uhr, Mo, Mi, Fr 7.30 – 17.30 Uhr, Di, Do 7.30 – 19.15 Uhr | **Tipp** Ein Spaziergang im Burggarten bietet sich bei Schönwetter durchaus an.

24 Der rodelnde Teufel

Wenn Höllenbewohner Schlitten fahren

Dass es riskant ist, nach zehn Uhr mit dem Schlitten zu fahren, weiß eine besondere Sage zu berichten. Angeblich nämlich begegnet man da dem Teufel! So ist es jedenfalls einmal im Jahre 1667 gewesen: An einem frostigen Januartag wurde in Wien der Öffentlichkeit mitgeteilt, dass es verboten sei, nach zehn Uhr noch zu rodeln. Aber wie es eben so ist, hielt sich natürlich niemand an dieses Verbot, und noch spätabends tummelten sich die unterschiedlichsten Gestalten auf der Piste und hatten ihre Freude. Die Kinder lachten und kicherten, und die Damen ließen sich von ihren Männern umherkutschieren und zeigten ihre anmutige Gestalt.

Aber mit einem hatte man freilich nicht gerechnet: mit dem Teufel! Dieser sauste und brauste schon bald mit den anderen umher, begleitet von einer überaus edlen Frau, deren Haupte ein schillernder Reif zierte, der rubinrot funkelte. Aber Achtung: Der Rubin war über und über mit Flöhen besetzt, und Schlangen wanden sich anstelle normaler Ketten um den Hals der Dame! Gleichzeitig nagten zwei der wütigen Reptilien auch an dem Oberkörper der Frau, was dieser ein noch schauerlicheres Erscheinungsbild gab! Außerdem hatte sie Augen, deren Blick so eisig war, dass jeder, den dieser traf, sofort tot zu Boden sank! Doch damit nicht genug: Eine große Kröte hockte der Dame mitten auf der Brust, gerade da, wo bei einem Menschen eigentlich das Herz sitzt!

Und auch der Teufel war nicht schlecht gekleidet. Mit einem riesigen Schweineschädel ausgestattet, fuhr er lustig umher und blies dermaßen viel Feuer aus, dass es jeden blendete, der ihm entgegenkam. Außerdem war er so laut mit seinen Glocken und Schellen, es klang fast, als kämen gleich zehn Schlitten des Weges!

Da wollte ein besonders Mutiger wissen, warum denn das Verbot des Schlittenfahrens nach zehn Uhr für den Teufel selbst nicht gelte. Da pustete dieser ihn einfach nur an – und der Mann fiel tot um!

Adresse Innere Stadt, Donaukanal (Schwedenplatz/Urania), 1010 Wien | ÖPNV U4, Haltestelle Schwedenplatz | Tipp Wer gern rodelt, für den empfiehlt sich auch die Jesuitenwiese im 2. Bezirk.

25 — Der Ruhestein am Kloster

Von fröhlichen Pilgern und einem rastenden Mörder

Auf dem alten Kornmarkt herrschte oft reges Treiben. Immer wieder umringte man vor allem gern einen besonderen Harfner, der singend da saß und die Passanten mit traurigen Liedern unterhielt. Ja, fast ein jeder blieb vor dem Mann stehen, lauschte seiner Musik und betrachtete ihn. Wahrlich, das war ein eigentümlicher Kerl! Sein Gesicht war von Leid gezeichnet, und er sah dennoch vornehm aus. Aber auch der Inhalt seines Gesanges machte die Leute aufhorchen, denn die Texte handelten vom Ableben Albrechts I., der von seinem 18-jährigen Neffen, Herzog Johann von Österreich, ermordet worden war.

Eines Tages begab es sich, dass ein sichtlich erschöpfter Pilger vorbeikam. Seufzend ließ er sich auf dem Ruhestein vor dem Schottenmünster nieder. Er ließ den Blick über den Platz, den Harfner und die Gebäude Wiens schweifen und dachte an seine Kindheit, die er hier verbracht hatte. »Wie habe ich das Treiben in den Straßen früher geliebt, damals, in meinen jungen Tagen!«, seufzte er bei sich.

In dem Moment aber erschien ein Bote am Tor und verkündete mit lauter Stimme, dass Friedrich der Schöne, der rechtmäßige Nachfolger des ermordeten Königs und damit der neue Herrscher, am nächsten Tag in die Stadt kommen würde. Sofort brach die umherstehende Menge in glückliches Jauchzen aus! Wie zuckte da aber der Pilger zusammen! Ganz blass fiel er vom Stein. Glücklicherweise eilte ihm ein junger Bursch zu Hilfe. Doch siehe – wessen Gesicht musste er erblicken, als er die Haube des Fremden lüpfte? Das des gesuchten Mörders, Herzog Johann von Österreich! Da eilte der Helfende freilich rasch fort, die Wachen zu informieren. Als man aber kam, um den Pilger festzunehmen, fehlte von Johann jede Spur!

Seit diesem Tag jedoch riet man jedem, der eine verlorene Sache nicht wiederfinden konnte, er solle sie doch bei den Schotten auf dem Stein suchen.

Adresse der Stein soll vor der Schottenkirche gelegen haben, Freyung, 1010 Wien | ÖPNV
Bus 1A, Haltestelle Teinfaltstraße | Tipp Wer gern zu Fuß unterwegs ist, sollte ein wenig
weiter und bis hin zum Michaelerplatz schlendern.

26 Spuk im Schottenkloster

Warnung in hellem Gewande

Wer sich ins Schottenkloster wagt, der muss auf jeden Fall vorsichtig sein! Denn es kann sein, dass ihm eine Frau in weißem Kleid begegnet, die dort durch die Räume spukt!

Der Kontakt zwischen Mensch und Geist erfreut sich in diesem Kloster einer langen Tradition. Immer wieder kam es vor, dass Gespenster die Schottenmönche auf eine traurige Begebenheit vorbereiteten. So auch eines Nachts im Jahre 1476, als mitten in der dunkelsten Stunde plötzlich helles Licht durch die Zimmer strömte – genau in dem Moment, als es zwölf Uhr schlug. Die Mönche sahen einander fragend an! Welcher Geist mochte es heute Nacht wohl sein? Bald schon erkannte man sie: Die unglückliche Bertha von Rosenberg, die am 2. Mai dieses Jahres gestorben war, wandelte durch die Räume. Ihr Gewand hing bis zum Boden hinab und schimmerte in magisch-hellem Licht. Ihre Haut war von schillerndem Weiß, und ihre Füße tappten nackt und bloß umher. Aber kaum hatte ein junger Novize den weiblichen Geist erblickt und wollte laut aufschreien – schon war die Erscheinung wieder verschwunden! Auf welches traurige Ereignis Berta hinweisen wollte, ist leider nicht überliefert. Jedenfalls wartet ihr Leib jetzt wahrscheinlich schon über 500 Jahre auf die Auferstehung.

Genau wie die weiße Frau zeigten sich auch andere Geister den Mönchen. Meist kündigte eine Erscheinung Tod oder Krankheit, Krieg oder auch anderen Kummer an. Die Vorwarnungen der Geister scheinen dem Stift jedoch nicht geschadet zu haben, im Gegenteil: Im Jahre 1155 gegründet, gehört das Kloster zu einem der ältesten in der Wiener Region. Seit 1625 darf es sich außerdem auch als Teil der Österreichischen Benediktinerkongregation sehen. Ob es am Schutz der weißen Frau liegt, dass sich das Schottenkloster bis heute großer Beliebtheit unter den Touristen erfreut?

Die Klosterkirche der Abtei ist übrigens die Schottenkirche. Auch diese lohnt einen Besuch.

Adresse Schottenstift, Freyung 6, 1010 Wien | ÖPNV Bus 1A, Haltestelle Teinfaltstraße | Öffnungszeiten Stiftsführungen: Sa 14.30 Uhr (außer an Feiertagen) | Tipp Im nahe gelegenen Schottenkeller lassen sich Kaffee und Kuchen genießen!

27 — Der Stock im Eisen

Wenn Schlüssel und Schloss zueinanderfinden

Keiner weiß genau, woher sie kam, diese eigenwillige Sehenswürdigkeit in Wien: Der »Stock im Eisen« ist ein Teil eines Fichtenstammes, der an einem Haus in der Nähe des Sankt-Stephans-Münsters fixiert wurde. Er befindet sich schon einige Jahrhunderte dort. Man erzählt sich, die ersten beiden Nägel habe ein Schlosserlehrling in den Stamm geschlagen, der mit dem Teufel im Bunde war.

Was die Verkettung, die in Form eines Bandes um den Stock gelegt wurde, betrifft, so erzählt man sich folgende Sage: Der Stadtrat beschloss einst, für dieses Eisenband ein Schloss anfertigen zu lassen, um den Stock vor Raub zu schützen. Er beauftragte einen fremden Gesellen. Der aber forderte nach getaner Arbeit einen derart hohen Preis, dass der Stadtrat sich weigerte zu bezahlen. Daraufhin warf der wütende Geselle den Schlüssel hoch in die Lüfte. Und siehe, sofort war dieser verschwunden – und mit ihm der geheimnisvolle Geselle.

Da rief man viele Schlosser herbei, einen neuen Schlüssel herzustellen, um das Schloss zu öffnen. Doch: vergebens! Immer, wenn ein Schlüssel zum Stecken kam, wurde auf magische Weise der Bart umgedreht, und die Kette blieb zu.

Zum Glück aber gab es da einen besonders schlauen Lehrbuben. Der schmiedete heimlich einen eigenen Schlüssel. Aber er setzte den Bart mit dem Lot verkehrt herum an. Und schwupps – nun ließ sich die Vorrichtung öffnen! Das war vielleicht eine Freude! Von da an lief alles rosig, denn der junge Kerl war jetzt ein Held und konnte nun auch seine heimliche Geliebte, die Tochter seines Meisters, heiraten.

Was allerdings den Schlüssel selbst betrifft, so ist dieser heute unauffindbar. Dennoch herrschte lange Zeit die Tradition, dass jeder wandernde Schlossergeselle, der nach Wien kam, einen Nagel in den Stock schlug. Kein Wunder also, dass diese Sehenswürdigkeit sich heute dieses Namens erfreut!

Adresse Kärntnerstraße 1, 1010 Wien und Ecke Wickenburggasse / Tulpengasse, 1080 Wien | ÖPNV U 3, Haltestelle Stephansplatz | Tipp Es lohnt sich, den Besuch mit einem Bummel auf der Kärntnerstraße zu verbinden!

28__Der Stoß im Himmel
Wozu Eitelkeit führen kann

Dass man einen Kampf mit der heiligen Gottesmutter nur verlieren kann, erzählt folgende Sage: Einst ging eine sehr eingebildete Frau an einer Marien-Darstellung vorüber. Hochmütig blickte sie auf die schlichte Kleidung der Heiligen und forderte sie schließlich auf, sich mit ihr auf einen Wettbewerb einzulassen, um zu sehen, wer denn die hübscheren Kleider besäße.

In der darauffolgenden Nacht geschah es, dass eine Bettlerin an die Türe der Frau klopfte. Trotz ihres ärmlichen Aussehens hatte die alte Frau aber in ihrer Tasche die kostbarste Kleidung verborgen, die man sich vorstellen konnte! Doch damit nicht genug! Die Bettlerin zog auch ein Paar gläserne Schuhe hervor, die funkelten und glänzten, sowie einen strahlenden Schleier, der das alles noch toppte in seiner Herrlichkeit. Da konnte sich die Eitle nicht mehr fassen. Diese Schätze musste sie haben! Die Bettlerin erlaubte der Frau schließlich, sich die Kleidung für drei Tage und drei Nächte auszuleihen. Als Bezahlung aber wollte sie das haben, was am Ende des dritten Tages von dem Gewand bedeckt sein würde. Ohne lange nachzudenken, willigte die eitle Frau ein.

Das war eine Freude! Mit gerecktem Hals wandelte sie in dem prunkvollen Gewand umher. Am letzten Tag aber wurde ihr langsam bang. Ob es sich bei der Bettlerin vielleicht um eine böse Zauberin handelte?, überlegte sie und versuchte, aus dem kostbaren Kleid schlüpfen. Aber was sie auch versuchte, sie konnte das Gewand nicht mehr ausziehen! Als es zwölf Uhr schlug, trat wie versprochen die Alte ein, die jetzt ihr wahres Gesicht zeigte – das des Teufels! In dem Moment begannen die Rubine des prachtvollen Kleides auch schon in Flammen aufzulodern. Doch welch ein Glück: Ein heftiger Stoß warf den Leibhaftigen zurück, und das brennende Gewand fiel von der Frau ab. Die heilige Barbara hatte gerade noch rechtzeitig eingegriffen! Seither nannte man das Haus zum »Stoß im Himmel«.

Adresse Stoß im Himmel, 1010 Wien | **ÖPNV** U 3, Haltestelle Stephansplatz | **Tipp** Der Stoß im Himmel kreuzt auch die sagenumwobene Salvatorgasse.

29 Der Teufel im Beisl

Faust treibt in Wien sein Unwesen

Früher gab es zwischen der Freyung und dem Tiefen Graben in Wien eine Kellerschenke, in der meist reges Treiben herrschte. Und eines Tages geschah es sogar, dass der berühmt-berüchtigte Doktor Faustus selbst die Kneipe betrat! Da er als großer Zauberer galt, baten ihn die Gäste, ihnen doch etwas vorzuzaubern. Faust willigte ein und ließ flink den Hausknecht verschwinden. Da entstand natürlich große Unruhe! Aufgeregt bat der Wirt, der Doktor möge doch seinen Arbeiter zurückbringen! Aber die Aufregung war umsonst, nur wenige Minuten später erschien der verloren geglaubte Bursche auch schon wieder auf der Treppe.

Sofort unterstellte man Faust, er sei mit dem Teufel im Bunde. Andere forderten lautstark nach einem weiteren Zaubertrick. Doch der Meister weigerte sich, sein Publikum weiter zu unterhalten. Und so erhob sich schließlich der Kupferstecher Hirschvogel aus Nürnberg und schlug der Menge vor, zu ihrer Belustigung den Teufel an die Wand zu malen. Die Idee fand großen Anklang, und Hirschvogel griff wacker nach dem Stift! Als er das teuflische Gemälde vollendet hatte, stand Faust auf und meinte: »Ihr habt den Teufel an die Wand gemalt, jetzt will ich euch den ECHTEN zeigen!« Auf einmal krochen Schatten in die Stube, und das Bild fing an aufzuzucken. Ja, mit einem Mal bewegte sich der Teufel an der Wand sogar! Die Augen leuchteten wie feurige Flammen, und mit einem lauten Krachen sprang er herab und tanzte im Wirtshaus umher. Die Gäste fanden dieses Spektakel mit einem Mal gar nicht mehr besonders lustig. Schreiend suchten sie das Weite. Lachend rief ihnen Doktor Faustus nach, man solle den Teufel eben nicht an die Wand malen. Ob die Besucher aus ihrer Lektion gelernt haben?

An der Schenke jedenfalls brachte man die Aufschrift »Zum roten Mandl« an, und man erzählt sich bis heute, dass jener Name von dieser Begebenheit stammen soll.

Adresse Freyung 8, 1010 Wien, heute stehen an der Stelle des Wirtshauses der Verfassungs-gerichtshof und das Kunstforum; am Opernring 4 gibt es ein Bild, das den Maler bei seiner Arbeit zeigen soll | **ÖPNV** U 3, Haltestelle Herrengasse | **Tipp** Wo wir nun schon beim Malen sind: Im Bank Austria Kunstforum, Freyung 8, lassen sich weitere spannende Bilder betrachten.

30__Der teuflische Bauherr
Von Namen und Missverständnissen

Was den Bau des Stephansdoms betrifft, so erzählt man sich darüber in Wien folgende Sage: Der Südturm und das Langhaus waren bereits erbaut, nur noch der Nordturm fehlte. Man beauftragte
Hans Puchsbaum, diesen zu vollenden. Doch schon bald merkte
der junge Baumeister, dass er es nicht schaffen würde, die Arbeiten rechtzeitig fertigzustellen. Verzweifelt und voller Angst, sein
Gesicht zu verlieren, ließ er sich auf einen Deal mit dem Teufel
höchstpersönlich ein. Luzifer versprach, ihm bei den Arbeiten zu
helfen. Jedoch nur unter einer Bedingung: Bis zur Vollendung des
Turms durfte der wackere Puchsbaum keinesfalls den Namen Gottes, der Jungfrau Maria oder eines anderen Heiligen aussprechen.
Brav und gewissenhaft, wie er war, hielt sich Meister Puchsbaum
an diese Vorgabe.

Eines Tages aber war er auf der Baustelle und sah in der Ferne seine Geliebte. Erfreut rief er sie mehrmals bei ihrem Namen. Aber was
für ein Unglück – das Mädchen hieß ausgerechnet Maria, ein Name,
der dem Teufel natürlich überhaupt nicht gefiel! Und der Höllenfürst
kannte keine Gnade, auf der Stelle ließ er das Baugerüst, auf dem
Puchsbaum stand, in sich zusammenbrechen. Der Baumeister hatte
keine Chance, er stürzte in den Tod. Von der Leiche aber fehlt bis
heute jede Spur. Was allerdings die Arbeiten am Nordturm betrifft,
so wurden diese eingestellt.

Betrachtet man heute die Stadt Wien und den Stephansdom
von einer der umliegenden Anhöhen, so fällt überhaupt nicht auf,
dass da noch ein zweiter Turm vorgesehen war, der aber unvollen-
det blieb.

Die letzte Steinschicht, die im Jahre 1511 aufgetragen werden
sollte, konnte aufgrund wirtschaftlicher Schwierigkeiten Ende des
Mittelalters nicht vollendet werden. Erst rund 50 Jahre später, 1578,
sollte der gotische Torso, nun allerdings im Renaissancestil, vollendet werden.

Adresse Stephansdom, Stephansplatz 3, 1010 Wien | **ÖPNV** U 3, Haltestelle Stephansplatz | **Öffnungszeiten** Mo – Sa 6 – 22 Uhr, So 7 – 22 Uhr | **Tipp** Das Kaffee Alt Wien unweit des Domes in der Bäckerstraße 9 ist ein perfekter Tipp für Nostalgiker.

31 Die ungleichen Brüder

Kaiser Friedrich I. und Otto der Fröhliche

Dass Schönheit nicht immer glücklich macht, beweist die Biografie des Kaisers Friedrich I., dem man den Beinamen »der Schöne« gab. Sein Leben war von sehr viel Leid gezeichnet. So verlor er im Jahre 1322 die Schlacht bei Mühldorf gegen Ludwig den Bayer und musste diesem die Regierung überlassen. Kein Wunder, dass er ein grauenhafter Pessimist wurde! Fortan verbrachte er seine Tage ohne viel Kontakt zu anderen Menschen und widmete sein gesamtes Dasein der Religion. 1327 stiftete er die Augustinerkirche und ein zugehöriges Kloster.

Friedrichs Bruder aber, Otto der Fröhliche, zeichnete sich im Gegensatz zu ihm durch ein sehr heiteres Gemüt aus; er war stets zufrieden und liebte Streiche, Witze und Humor.

Eines Tages pochte ein junger, recht verlottert aussehender Student an die Tür dieses fröhlichen Otto. Er brachte einen riesenhaften Fisch mit, den er Otto als Geschenk übergeben wollte. »O, lieben Dank«, antwortete der Herzog freundlich, »wie kann ich dich entlohnen?« Doch zu seinem Erstaunen erbat der Student kein Geld; stattdessen wollte er 20 Schläge mit einem Stock haben! Zuerst lachte Otto nur, aber als er merkte, dass der Student es ernst meinte, erfüllte er ihm seinen Wunsch. Als er zehn Stockschläge ertragen hatte, stand der Student jedoch auf. Er erklärte frech, er habe dem Wächter am Tor die Hälfte seines Lohnes versprechen müssen, damit dieser ihn zum Herrscher ließ. Deswegen solle man den Mann doch bitte holen lassen und ihm seinen gerechten Anteil zukommen lassen. Der Herzog, überrascht von so viel Arglist, ließ seinen Diener kommen, und der hatte keine andere Wahl – er musste sich trotz seiner Widerstände schließlich entblößen und die Schläge empfangen. Fortan kam es in Wien unterm Volk zu folgender Redensart: »Fisch hat's geben«, was so viel bedeutet wie: »Schläge hat's gegeben.«

Der Sage zu Ehren wurde das Gasthaus »Der Bettelstudent« eröffnet.

Adresse Augustinerkirche, Augustinerstraße 3; Gasthaus Bettelstudent, Johannesgasse 12, 1010 Wien | ÖPNV Bus 2A, Haltestelle Albertinaplatz | Öffnungszeiten Sa, So 9–19.30 Uhr, Mo, Mi, Fr 7.30–17.30 Uhr, Di, Do 7.30–19.15 Uhr | Tipp In der nahe gelegenen Kapuzinergruft können Sie die letzte Ruhestätte von etwa 150 Familienmitgliedern des Hauses Habsburg besuchen.

32 Untote Türken im Zeughaus

Nächtlicher Klang von Säbelschneiden

Wer sich in das alte Zeughaus am Hof wagt, der darf sich nicht wundern, wenn er hier und da einem türkischen Geist begegnet. Denn ein solcher ist auch einmal dem Sohn eines Bediensteten erschienen, der hier gearbeitet hat. Damals hatte just die Nachricht vom Sieg über die Türken Wien erreicht. Da packte ein braver Arbeiter des Zeughauses, der die Rüstungen zurück in die Stadt bringen musste, seine sieben Sachen und brach auf. Mit der Bewachung des Zeughauses beauftragte er in der Zwischenzeit seinen Sohn. Weil der aber ein wenig faul war, mahnte sein Vater ihn zum Abschied, gut aufzupassen. Der Knabe nickte, doch freilich hielt er sich nicht daran. Bald schon packte er hungrig sein Brot aus.

Mit einem Mal aber meinte er, Geklacker von den Treppen her zu hören! Und da schwebten auch schon voll gerüstete Männer mit Bärten auf ihn zu! Der Arme wollte schreien, aber in dem Moment, in dem die Spukgestalten ihn erreichten, schmolzen sie zum Glück auch schon wieder dahin. Uff! Nun konnte sich unser Freund wieder ein wenig beruhigen. Doch schon vernahm er das Klirren von Schwertern. Er sah sich erneut um und zuckte zusammen: Ein prachtvoll gekleideter und gerüsteter Türke schritt die Treppe herab! Er war leichenblass, wandelte – zum Glück, ohne den Jungen zu sehen – vorüber und verschwand aus dem Saal. Da hatte der Bursche aber wahrlich keinen Appetit mehr! Sofort rannte er aus dem Haus.

Als die Männer zurück zum Zeughause kamen, da sahen sie das blasse Gesicht des Jungen und waren selbst ganz verstört! Der Vater aber erklärte: »Du musst wissen, dass man im Jahre 1683 den türkischen Großwesir öffentlich köpfen ließ! Und danach hat man den Schädel ins Zeughaus gebracht, in dem der arme Mann noch heute wütet.« Daher, so der Vater, sei es in diesem Gebäude immer dann besonders unruhig, wenn ein Türkenkrieg ins Land zog.

Adresse Altes Zeughaus, Zentralfeuerwache, Am Hof 9, 1010 Wien | ÖPNV U3, Halte-
stelle Herrengasse | Öffnungszeiten Di–So 10–18 Uhr | Tipp Im Uhrenmuseum finden
Sie über 700 Exponate, so etwa die Taschenuhrensammlung der Schriftstellerin Marie von
Ebner-Eschenbach oder das tonnenschwere Turmuhrwerk des Stephansdoms.

33 Von Burgen und Vasallen

Zwei römische Brüder

Lange Zeit über stand an der Spitze Wiens das wackere Geschlecht der Habsburger. Einer der Ersten unter ihnen, die sich einen großen Namen machten, war Rudolf von Habsburg. Schenkt man der Überlieferung Glauben, so stammt das Geschlecht der Habsburger ursprünglich aus der Stadt Rom. Dort soll es einst zwei Brüder gegeben haben, die unter Mordverdacht standen und deswegen aus der römischen Hauptstadt verbannt wurden. Ihr Vater jedoch, ein römischer Adeliger, ließ die Liebsten freilich nicht einfach so ziehen, sondern gab ihnen eine Fülle an Geld und Gold mit auf den Weg.

So wanderten die wackeren Gesellen in Richtung Deutschland. Die beiden waren sehr unterschiedlich und hatten somit auch unterschiedliche Vorstellungen von einem Leben in Reichtum und Fülle: Während der Ältere stets danach trachtete, Schlösser und Burgen zu erwerben, scharte der Jüngere bald schon ein Heer an Dienern und Vasallen um sich. Einander aber blieben sie stets treu.

Viele Jahre später einmal kam der Vater auf Besuch und – zugegeben, er war recht stolz auf seinen Nachwuchs! Es schien, als hätten es die beiden Kerle trotz der Verbannung zu etwas gebracht in der weiten Welt! Die Schlauheit des ersten Sohnes gefiel ihm sofort, ja, er lobte ihn überaus dafür, dass er sich so viele Burgen und Schlösser zu eigen gemacht hatte! Als der Jüngere aber erzählte, er besäße nur eine einzige Burg, war der Vater für einen Moment verwirrt. Sein Zweifel legte sich jedoch bald schon, als der Sohn ihn in sein neues Reich führte. Denn das war eine große Gruppe starker und treuer Männer, die da die Vasallen seines lieben Sohnes ausmachten! Erleichtert darüber, dass sein Jüngerer ein so besonderes Gefolge besaß, schenkte der Vater ihm daraufhin einen funkelnden Schatz!

Diese beiden Brüder jedenfalls sind die Begründer des Hauses Habsburg, deren Machtzentrum viele Jahrhunderte lang die Wiener Hofburg war!

Adresse Michaelerkuppel, 1010 Wien | ÖPNV U 3, Haltestelle Stephansplatz | Öffnungszeiten So – Sa 9 – 18 Uhr | Tipp Gleich nebenan, Innerer Burghof 1, befindet sich das Café Hofburg, das die beste Wiener Melange zubereitet, die es gibt!

34__Die Winterlinde

Wenn im Winter Bäume blühen

Vor vielen Jahren, noch bevor der Stephansdom in Wien stand, übernahm der junge Pfarrer Eberhard das Stephanskirchlein. Er beschloss, sofort eine schöne Linde zu pflanzen, denn er liebte diese Baumart sehr. Doch mit den Jahren wurde der Friedhof für all die verstorbenen Gemeindemitglieder zu klein, sodass der Stadtplaner sich entschloss, die Bäume zu entfernen.

Pfarrer Eberhard sah wohl ein, dass die Stadtväter recht hatten, doch seine Linde, nein, die durfte nicht gefällt werden! Er sprach bei den hohen Herren vor, und siehe da, sie hatten tatsächlich ein Einsehen und gewährten ihm seinen Wunsch.

So vergingen die Jahre, und nach und nach wuchs die Linde zu einem stattlich schönen Baum heran. Stets erfreute der Duft der Blüten die Passanten, und manch ein müder Friedhofsbesucher fand unter den Zweigen des Baumes Schatten. Und mit dem Baum alterte auch der Pfarrer. Und als der Tod schon seine bleichen Finger nach ihm ausstreckte, hatte er einen letzten Wunsch: Nur einmal noch wollte er unbedingt seine Linde sehen und sich an ihrem Duft erfreuen. Leider aber war gerade Winter. Dennoch wollte man dem frommen Mann seinen Wunsch nicht abschlagen und geleitete ihn behutsam zum Fenster.

Kaum hatte der Pfarrer dieses jedoch erreicht, da mussten alle staunen! Die Linde stand in voller Blüte, und der Himmel schickte einen Lufthauch, der den Duft des Frühlings in das Zimmer trug. Da waren alle Anwesenden tief berührt und dankten dem Herrn für dieses Wunder.

In dieser Nacht hauchte der Pfarrer sein Leben aus, und die Linde stand wieder kahl und winterlich da und reckte ihre Zweige in den grauen Winterhimmel wie ehedem. Der liebe Eberhard jedoch war dank ihres Wunders mit einem seligen Lächeln entschlafen.

An den Friedhof und die Linde erinnern heute noch Grabdenkmäler und Totenleuchten an der Fassade der St.-Stephans-Kirche.

Adresse Stephansdom, Stephansplatz 3, 1010 Wien | ÖPNV U 3, Haltestelle Stephansplatz | Öffnungszeiten Mo – Sa 6 – 22 Uhr, So 7 – 22 Uhr | Tipp Unter dem Dom befinden sich die sogenannten Katakomben, in denen man noch heute die Reste einiger Toten besuchen kann.

35__Wo sich der Teufel raufte

Wenn sogar Höllenfürsten Reißaus nehmen

Immer wieder hat der gute alte Luzifer Wien heimgesucht. Stets auf der Suche nach Menschen, die bereit waren, ihm ihre Seelen zu verkaufen. Doch ein ums andere Mal zog er dabei den Kürzeren. So auch im Wenighoffer'schen Hause, das sich früher einmal in der Bognergasse befand.

Und das kam so: In der Bognergasse lebte einst ein Mann, der mit einer rechten Furie verheiratet war. Eines Tages, als er es gar nicht mehr aushielt, da fluchte er laut: »Der Teufel soll diese Frau holen!« Dass der Leibhaftige nur einige Sekunden später vor ihm erscheinen würde, damit hatte er allerdings nicht gerechnet! Aber der Höllenfürst war eigentlich ganz freundlich, ja, er versprach sogar, dem armen Mann zu helfen! Gemeinsam schmiedete man einen Plan: Der Teufel wollte das Aussehen des Mannes annehmen und die Frau zähmen. Gesagt, getan. Abends begab der Teufel sich verwandelt in das Schlafzimmer des Mannes. Die Frau erwachte und begann sofort zu toben. Ihre Hiebe flogen dermaßen rasch, dass der arme Teufel gar nicht recht wusste, wie ihm geschah. So eine wütende Furie machte sogar ihm Angst! Als er sich endlich gesammelt hatte, da wusste er nur einen Ausweg: Er zeigte sich in seiner wahren Gestalt. Selbst das aber schien die Frau nicht sonderlich zu beeindrucken. Da nahm der Höllenfürst Reißaus und wurde im Bognerhaus nie mehr gesehen!

Dass Wien, überspitzt formuliert, das Wohnzimmer des Teufels ist, wird in einer Fülle von Sagen angedeutet. So auch in der Geschichte der Bognergasse. Leider existiert dieses Haus heute nicht mehr; sein realer Hintergrund ist jedoch historisch belegt und lässt sich bis ins Jahr 1446 zurückverfolgen. Quellen berichten von einem Bild, das an der Frontseite angebracht gewesen sei und den Teufel mit einem Weibe raufend darstellte.

Außerdem geschah dort auch ein Briefbombenattentat durch den rechtsradikalen Terroristen Franz Fuchs. Zufall oder Teufelswerk?

Adresse Bognergasse 3, 1010 Wien | ÖPNV U3, Haltestelle Herrengasse | Tipp Das Palais Esterházy befindet sich in unmittelbarer Nähe.

36 Das wundersame Relief

Hilfe direkt von oben

Jeder Mensch ist voller Widersprüche! So auch die berühmte »rote Franziska«, die um 1800 in dem Haus »Zum Totenkopf« in der Bognergasse gewohnt haben soll. Die junge Frau führte zwar ein rechtes Lotterleben und hatte viele Männer, aber sie brachte auch immer wieder Blumen an den Altar der Kirche am Hof. Besonders das Bildnis der heiligen Anna verehrte diese rote Franziska sehr! Die »Rote« gehörte also trotz ihrer Leichtlebigkeit irgendwie dazu.

Eines Tages jedoch stand eine runzelige Frau vorm Hause des Priesters und berichtete, die rote Franziska läge im Sterben. Sie sagte ihm, wo er die Todkranke finden konnte – und war auch schon wieder verschwunden!

Sofort lief der Seelsorger zum Altar und entnahm ihm einige Gegenstände für die Letzte Ölung. Einen Moment lang schien es ihm dabei, als ob die heilige Anna von dem Relief verschwunden wäre. Doch gleich darauf schalt er sich selbst für diesen albernen Gedanken und brach auf.

Schon bald fand der Priester das Haus, das die alte Frau ihm genannt hatte. Und siehe, in einer kümmerlichen Kammer erblickte er die rote Franziska, die tatsächlich dem Tode nahe war. Der Priester erteilte ihr natürlich sofort die Letzte Ölung. Danach wollte er wissen, welches Weiblein sie ihm denn da gesendet hatte. »Keines!«, antwortete da die rote Franziska wahrheitsgemäß. »Ich habe nur zur heiligen Anna gebetet, sie möge mir in meiner Not beistehen.« In dem Moment begriff der Seelsorger, dass es die heilige Anna selbst gewesen war, die das Relief hatte lebendig werden lassen, um ihn zu der Sterbenden zu schicken.

Eine berührende Geschichte, nicht wahr? Die Heilige jedenfalls ist wieder in das Bildnis zurückgekehrt. Und noch lange Zeit konnte man in der Kirche zu den neun Chören der Engel auf dem besonderen Holzrelief finden. Dieses zeigte Anna dabei, wie sie der Mutter Maria Unterricht erteilt.

BERND SCHÄFERLING

111
WHISKYS
DIE MAN
GETRUNKEN
HABEN
MUSS

JENS DREISBACH

111
GINS
DIE MAN
GETRUNKEN
HABEN
MUSS

CORNELIA KUHNERT

111
ORTE FÜR
KINDER
IN UND UM HANNOVER
DIE MAN
GESEHEN
HABEN
MUSS

MARIA TERESA CARBONE

111
HUNDE
DIE MAN
KENNEN
MUSS

emons:
Entdecken fängt
zu Hause an

CHRISTINA BACHER

111
ORTE FÜR
KINDER IN
KÖLN
DIE MAN
GESEHEN
HABEN
MUSS

111
WEINE
AUS ITALIEN
DIE MAN
GETRUNKEN
HABEN
MUSS

THEO B PAGEL | BRIAN BATYSTONE

111
DINGE ÜBER
ELEFANTEN
DIE MAN
WISSEN
MUSS

FRANZISKA LÖ

111
ORTE FÜR
KINDER
IN UND UM
STUTTGART
DIE MAN
GESEHEN
HABEN MUSS

HOLGER UND ROLAND GRUMT SUÁREZ

111
INSEKTEN
DIE TÄGLICH
UNSERE
WELT
RETTEN

ISA GRÜTERING | NATASCHA KOROS

111
ORTE FÜR
KINDER IN
BERLIN
DIE MAN
GESEHEN
HABEN
MUSS

ISBN 978-3-7408-0242-4

ISBN 978-3-7408-0571-5

ISBN 978-3-7408-0618-7

ISBN 978-3-95451-465-6

111 DRINKS DIE MAN GETRUNKEN HABEN MUSS

ISBN 978-3-95451-414-4

ISBN 978-3-95451-861-6

ISBN 978-3-7408-0338-4

ISBN 978-3-7408-0567-8

ISBN 978-3-95451-922-4

Adresse Kirche am Hof, Am Hof 1, 1010 Wien | ÖPNV U 3, Haltestelle Herrengasse |
Öffnungszeiten täglich 7 – 12 Uhr | Tipp Für kulinarische Feinschmecker bieten sich das
»Schwarze Kameel«, der Bäcker »Joseph Brot« sowie der Esterházykeller an.

37 Der Zahnwehherrgott

Wenn sich Schmerzen verdoppeln

Eines Abends geschah es, dass drei Studenten sich auf dem Heimweg von einem Trinkgelage befanden. Nach einiger Zeit kamen sie bei einer Christusstatue am Stephansdom vorbei und begannen, da sie schon sehr angeheitert waren, dessen leidenden Gesichtsausdruck zu verspotten. Fast kam es ihnen so vor, als hätte Christus Zahnschmerzen. Zu Scherzen aufgelegt nahm einer der Studenten sein Halstuch ab und band es unter Gejohle und Gekreische dem traurigen Christus um die Wange.

Noch in derselben Nacht aber wachten alle drei Studenten auf – und wurden von den heftigsten Zahnschmerzen geplagt! Selbst der Arzt war ratlos und konnte ihnen nicht helfen. Erst als die drei Draufgänger die Statue noch einmal aufsuchten und um Vergebung baten, verschwanden die Schmerzen wieder.

Seitdem befindet sich auf der Ostseite des Stephansdoms eine Kopie des sogenannten Zahnwehherrgotts. Bis heute zählt dieser zu den wenigen noch erhaltenen Schmerzensmann-Darstellungen, die in Stein gehauen sind. Diese Form der Darstellung des leidenden Christus erfreute sich um 1500 herum großer Beliebtheit. Unterm Volk wurden oft Andachtsbilder verteilt, die den Heiland mit der Dornenkrone darstellten. Der demütige Gesichtsausdruck sollte dem Betrachter zur Identifikation dienen. Was den Zahnwehherrgott dieser Sage betrifft, so wurde er wahrscheinlich um 1420 geschaffen. Wer der Künstler war, lässt sich leider nicht mehr eruieren. Jedenfalls zeigt er uns den Gottessohn auf einem erhöhten Wolken-Sockel. Das Werk befand sich zunächst an der äußeren Ostwand des Mittelchores des Stephansdoms. Erst im Jahre 1950 wurde das Original abgenommen und zehn Jahre später in der Nordturmhalle ausgestellt, wo es vor Wind und Wetter geschützt war. Eine Abguss-Kopie kann man seit 1953 an der Außenwand finden, allein der Sockel ist dort noch im Original vorhanden.

Adresse Kopie der Statue an der Ostseite des Stephansdoms, Stephansplatz 3, 1010 Wien | ÖPNV U 3, Haltestelle Stephansplatz | Tipp Ein Manner-Shop befindet sich gleich um die Ecke.

38 Zum Totenkopf
Was ein Don Juan hinterlässt

In Wien gab es einmal ein mystisches Gebäude, dessen Nachfolgerbau bis heute den Namen »Zum Totenkopf« trägt. Der Besitzer des Hauses, der Junker Konrad von Kirchberg, war angeblich ein derber Frauenheld. Eines Tages entdeckte er auf dem Petersfriedhof den Totenschädel einer Prostituierten, manche erzählen auch, dass es sich hierbei um die sterblichen Überreste von Frowiza handelte (siehe Ort 17). Scherzhaft forderte Konrad den Schädel auf, nachts auf ein nettes Schäferstündchen bei ihm hereinzuschneien – natürlich inklusive willigem Geisterkörper! Zu seinem Pech aber tat der Geist der Toten prompt, wie er ihr befohlen hatte, und erschien wirklich bei dem Frauenhelden! Welch ein Glück, dass sich zur selben Zeit auch ein Geistlicher in der Nähe befand! Dieser vertrieb den Geist, und der lasterhafte Junker gelobte, fortan ein gottgefälliges Leben zu führen.

Dieser Geistergeschichte verdankte das Haus ein Schild an seiner Front, das einen Totenkopf zeigte. Die Bogner und Pfeiler der Gasse sollen ihn als Zielscheibe verwendet haben.

Spannend ist, dass dasselbe Gebäude in der Bognergasse im Jahre 1809, lange nach der Sage, die im Jahre 1305 entstanden war, noch einmal schriftlich erwähnt wurde: nämlich als die Franzosen Wien belagerten. In der Nacht des 11. Mai 1809 waren die Bewohner vor einem schweren Angriff in den Keller geeilt. Das Dienstmädchen lief jedoch noch einmal hinauf, um seine Habseligkeiten zu holen. In dem Moment schlug eine Haubitzgranate in das Haus und verwundete die junge Frau schwer am Kopf. Das Gebäude selbst jedoch blieb erstaunlicherweise heil, nur ein Teil des Totenkopfbildes fiel der Zerstörung anheim, weshalb man es entfernte. Dafür sollen im 19. Jahrhundert große Statuen die Fassade geschmückt haben: im ersten Stock eine heilige Maria, im zweiten ein römischer Soldat und im dritten Stock eine Darstellung der Dreifaltigkeit.

Adresse Bognergasse 7, 1010 Wien | ÖPNV U 3, Haltestelle Herrengasse | Tipp Die berühmte Bäckerei »Der Mann« befindet sich gleich um die Ecke.

39__Der Augarten

Wo Lustwandeln Freude macht

Wien hat, wie alle Städte, leider nicht nur blühende Tage, sondern auch Kriege erlebt: So mussten am 10. Mai 1809 vom Augarten bis hin zur Donau Schießschanzen zur Verteidigung der Stadt errichtet werden, da sich das Gerücht verbreitet hatte, Kaiser Napoleon sei im Anmarsch. Viele Menschen sollen bei der Errichtung dieser Vorkehrung umgekommen sein! Kaum war der 11. Mai eingetreten, befahl der Kaiser von Frankreich auch tatsächlich, zwei Truppeneinheiten in dem Gebiet zwischen Augarten und Prater einzusetzen. Sie hatten die Aufgabe, das Lusthaus in den Auen des Praters zu belagern. Wenig später begann das blutige Ringen zwischen österreichischen und französischen Truppen. Das Gefecht tobte unerbittlich, und es gelang den österreichischen Truppen tatsächlich, auf das andere Donauufer überzusetzen und aus Wien abzurücken.

Dies war nicht das erste Mal, dass der Augarten zum Schauplatz kriegerischer Auseinandersetzungen wurde. Bereits zur Zeit der zweiten Türkenbelagerung Wiens war das Gebiet verwüstet worden.

Schauerliche Tage waren das! Aber es folgten auch wieder fröhlichere Zeiten, nachdem Napoleon in der Schlacht von Aspern an Erzherzog Karl gescheitert war: Im Jahre 1814 wurde der gerettete Prater sogar zur Tummelstätte des Wiener Kongresses. Herrliche Festlichkeiten wurden da veranstaltet! Und auch der Augarten erfreute sich wieder großer Beliebtheit.

Er hat heute eine Größe von rund 52,2 Hektar und gilt als die älteste barocke Gartenanlage Wiens. Seine idyllische Architektur ist im französischen Stil gehalten und zeichnet sich durch weitläufige, von schattigen Alleen gesprenkelte Flächen aus, die von der Bevölkerung zur Erholung, aber auch für sportliche Betätigungen genutzt werden. Das Augartenpalais im Park ist bis heute die Residenz der Wiener Sängerknaben, und das Schloss Augarten beherbergt eine eigene Porzellanmanufaktur und ein Porzellanmuseum.

Adresse Augarten, 1020 Wien | ÖPNV U 2, Haltestelle Taborstraße | **Öffnungszeiten**
März und Okt. 7–19 Uhr, April, Aug. und Sept. 7–20 Uhr, Nov.–Feb. 7–7.30 Uhr |
Tipp Für alle, die mit Hund unterwegs sind, lohnt sich der Augarten ganz besonders!
Das Café-Restaurant Augarten selbst erfreut außerdem mit kulinarischem Angebot.

40 Der besondere Brunnen

Wenn Wasser zu Gold wird

Vor langer Zeit gab es in der Leopoldstadt ein Wirtshaus, »Zum Goldenen Brunnen« genannt. Es erfreute sich stets eines regen Besucherstroms, fahrende Gaukler und Händler liebten es, dort einzukehren. Dann jedoch kam der Krieg. Und damit nicht genug: Nun begannen auch noch Seuchen in der Stadt zu wüten!

Die Wirtsleute, die bisher keine Not gekannt hatten, gerieten finanziell arg in Bedrängnis. Irgendwann wurde es der Frau des Wirts zu bunt, sie machte sich auf zum Stephansdom, um dort um Hilfe zu bitten. Müde erreichte sie das große Gotteshaus und betete, obwohl sie sehr erschöpft war, gar inniglich zur Muttergottes. Aber wie erstaunt war sie, als sie auch prompt eine Antwort bekam! Maria hatte ihr Gebet erhört und versprach der Frau, sie würde von nun an jedes Mal, wenn sie aus ihrem Brunnen Wasser heraufholte, ein Goldstück im Wassereimer finden. Jedoch dürfe sie nie mehr Wasser herausholen, als ihre Tiere auf einmal trinken konnten! Und tatsächlich, zurück im Wirtshaus tränkten die Frau und ihr Mann die Pferde – und da lag ein Taler im Kübel! Freilich brach nun eine ganz neue Zeit für die Wirtsleute heran. Fortan lebten sie im Wohlstand.

Leider jedoch wurde der Wirt habgierig – er schöpfte zu viel Wasser aus dem Brunnen, viel mehr, als die Tiere trinken konnten. Dieses Mal fand er freilich keine Goldstücke in dem Eimer, schließlich hatte er gegen den Wunsch der Muttergottes selbst verstoßen! Von diesem Tag an hat niemand jemals wieder Goldstücke im Wasser des Brunnens gefunden.

Heute nennt sich der Ort, an dem sich das Ereignis zugetragen hat, immer noch »Zum goldenen Brunnen«. Anstelle des Wirtshauses gibt es hier eine kleine Grünfläche. Sie liegt zwischen der Taborstraße 20 und der Schmelzgasse 1. Und wer weiß – vielleicht gelingt es ja doch jemandem, dort versteckt noch einmal ein Goldstück zu finden?

Adresse beim Haus Taborstraße 20, 1020 Wien | ÖPNV U 2, Haltestelle Taborstraße | Tipp
Hier stand bis 1908 eines der ältesten Einkehrwirtshäuser der Leopoldstadt.

41 Das Donauweibchen

Ach Fischer, liebster Fischer!

Früher einmal – da war Wien kaum mehr als eine Kleinstadt – lebte ein alter Fischer mit seinem Sohn am Ufer der Donau. Beide waren fleißig und zufrieden mit dem wenigen, was sie hatten. Oft saßen sie vor dem Einschlafen gemeinsam beim Feuer, aßen die Fische, die sie während des Tages gefangen hatten, und erzählten sich Geschichten. Eines Abends begann der alte Fischer, von Nixen zu berichten. Doch der Sohn wollte ihm nicht so recht glauben, dass es diese Wesen wirklich gab. Er lachte den schrulligen alten Mann bloß aus!

Da aber wurde das Zimmer mit einem Mal von einem hellen Licht erfüllt, und als der junge Fischer aufblickte, stand ein Mädchen vor ihm. So schön war es, dass dem Kerl ganz anders wurde! Ein langes, schimmerndes Kleid floss um den zierlichen Körper des Mädchens, während das Haar von weiß leuchtenden Wasserlilien gesprenkelt war. Eine Nixe! Sie riet den beiden Fischern mit sanfter Stimme, so schnell wie möglich das Dorf zu verlassen, denn es würde eine große Überschwemmung geben. Freilich dachten die beiden, beeindruckt von dieser schillernden Erscheinung, keinen weiteren Augenblick mehr nach, sondern eilten zu den umliegenden Häusern. Bald schon hatten sie alle Bewohner der Umgebung gewarnt. Und siehe: Als es einige Tage danach wie angekündigt aus heiterem Himmel zu tauen begann und das Wasser über das Ufer der Donau schwappte, da waren alle Menschen heil in Sicherheit!

Der Einzige, der nicht heil blieb, war der Sohn: Getrieben von einer namenlosen Sehnsucht nach dem Donauweibchen fand er keine Ruhe mehr. Wen wundert es da, dass er eines Tages von einer seiner Fahrten nicht mehr nach Hause kam? Nur sein Boot wurde von den Wellen ans Ufer gebracht. Sofort erkannte der Vater, dass das Donauweibchen seinen Knaben wohl zu sich geholt hatte, und er weinte bitterlich. Tatsächlich hat den jungen Fischer bis heute niemand mehr in dem Dorf erblickt.

Adresse am Haus Sebastian-Kneipp-Gasse 14, 1020 Wien erinnert ein Bild an die Sage /
ehemaliges Ufer | **ÖPNV** U 2, Haltestelle Messe – Prater | **Tipp** Zu weit sollte man nicht in
die Tunnel des Donaukanals hinein wandern, da man sonst abrutschen und ins kalte Wasser
fallen könnte, denn der Boden ist sehr uneben. In der Sebastian-Kneipp-Gasse 6 befindet
sich übrigens eine berühmte Ledermanufaktur.

42 Jäger und Bengel im Prater

Wenn Kaiser promenierten

Der Prater war lange Zeit kaiserliches Jagdgebiet der Habsburger. Am 25. Juli 1564 folgte Kaiser Maximilian II. seinem Vater auf dem Thron. Der leidenschaftliche Jäger, der auch das Jagdschlösschen Schönbrunn errichten ließ, schritt sofort zur Tat: Er gab einige Teile des Praters auf, nahm andere in Pacht und ließ schließlich den ganzen Bezirk umzäunen. So entstand ein ausgedehntes Jagdrevier, das er häufig nutzte: der kaiserliche Forstwald. Auch die prächtige Praterstraße geht im Kern auf Maximilian zurück. 1569 schuf er die Basis zur späteren »Jägerzeile«, indem er auf dem Boden der Vorstadt, auf dem »unter den Felbern« genannten Gebiet, für seine jagenden Kameraden idyllische Häuschen in einer Zeil (also in einer Reihe) errichten ließ.

30 Jahre später erteilte Kaiser Rudolf II. das Verbot, sich in der Au, also im späteren Prater, aufzuhalten, es sei denn, Forstknecht Hanns Bengel – der sogenannte Hofjäger des Königs – habe es ausdrücklich erlaubt! Dieser Förster war leider genau das, was sein Name versprach: ein Bengel! Er verteidigte rüpelhaft sein »Revier«: Wer den »Bengel« um Erlaubnis bat, den Prater zu betreten, wurde – nomen est omen – meist in grobem Ton abgewiesen. Und wehe, wenn jemand den Prater betrat, ohne dass der Hanns Bengel davon wusste! Dieser wurde sofort aufs Böseste bestraft.

Erst unter Kaiser Karl VI. entschärfte sich die Situation ein wenig. Aber immer noch hatte nur der hohe Adel das Glück, die Alleen und Wiesen zu genießen: Das dauerte leider bis 1766 an. Dann jedoch öffnete Joseph II. den Prater für alle Bewohnerinnen und Bewohner Wiens. Endlich! Schnell gab es auch Zirkusshows und andere Events; mehr und mehr Kaffeesieder und Wirte sowie Würstel- und Schießbuden siedelten sich in der Region an. Und bald schon folgten Schaukeln, Ringelspiele und Kegelbahnen, die man zum Teil auch heute noch besuchen kann.

Adresse Prater, 1020 Wien | ÖPNV U2, Haltestelle Messe – Prater | Öffnungszeiten
täglich 8 – 18 Uhr | Tipp Allein wegen der Hauptattraktion – dem Riesenrad – lohnt es
sich, den Prater einmal gesehen zu haben!

43 Der kaiserliche Schoßhund

Von einer tierischen Praterliebe

Zur Zeit Maria Theresias war es nur im Monat Mai möglich, den Prater zu besuchen; denn da wurde die Au kurzzeitig für Lustfahrten geöffnet – wobei es streng verboten war, aus dem Wagen zu steigen. Der damalige Forstmeister, Herr Johann Franz Bernrieder, hatte die Aufgabe, den Prater zu bewachen. Er soll ein äußerst netter Mann gewesen sein, der sich durch übergroße Höflichkeit auszeichnete. So soll er auch einmal der späteren Kaiserin zu Hilfe gekommen sein.

Maria Theresia war an diesem Tag mit ihrer Equipage im Prater unterwegs, als eines ihrer vorwitzigen Schoßhündchen aus dem Wagen fiel. Bernrieder soll das Tier gefangen und der hohen Dame zurückgegeben haben. Jedoch nicht, ohne den Hund zu ermahnen: »Euer Gnaden sollten halt künftig vorsichtiger sein.« Maria Theresia soll dies so erheiternd gefunden haben, dass sie die Anekdote noch Jahre später gern zum Besten gab. Auch ihrem Sohn Joseph berichtete sie immer wieder gern davon. So gewann auch dieser die Alleen mehr und mehr lieb. Nach einigen Jahren beschloss er, das wunderbare Areal, das seine Mutter und ihr Hündchen so geliebt hatten, der Allgemeinheit zugänglich zu machen. Und siehe, im Jahre 1766 gestattete Kaiser Joseph II. auch einfachen Bürgern, die grünenden und fruchtbaren Wiesen und Alleen während der Sommermonate zu besuchen. Der hinterste Teil allerdings, in dem Rehe und Hirsche gezüchtet wurden, blieb weiter kaiserliches Reservat.

Der Besuch des Praters war allerdings nur bis zum Untergang der Sonne gestattet! Mit einbrechender Nacht wurde das Einlassgitter geschlossen. Im Jahre 1775 ließ der Kaiser allerdings den Zaun vorm Prater niederreißen, und die Alleen waren somit zu jeder Zeit und für alle Menschen begehbar. Bereits 1786 gab es Wirts- und Kaffeehäuser, später ein Panorama und im Jahre 1808 den weltberühmten Zirkus de Bach.

Adresse Prater, 1020 Wien | ÖPNV U2, Haltestelle Messe – Prater | Öffnungszeiten täglich 8 – 18 Uhr | Tipp Jedes Jahr am 1. Septemberwochenende findet im Prater das allgemein beliebte Volksstimmefest statt, das es sich zu besuchen lohnt.

44__ Das Maria-Pötsch-Bild

Ein widerspenstiges Gemälde

Früher einmal lebte in der Leopoldstadt ein Junge namens Florian, der als verlässlicher Postbote arbeitete. Er war sehr fromm und sehnte sich nach einem Heiligenbild, das er auf dem Altar in seinem Zimmer aufstellen konnte. Ein Kaufmann schließlich empfahl Florian, eine Kopie des berühmten Gemäldes »Maria Pötsch« zu erwerben. Angeblich, so munkelte man nämlich, hielt dieses Krankheit und Brand ab und könne auch sonst allerlei Wunder wirken. Diese Geschichte beeindruckte Florian, sodass er eine einfache Kopie des Bildes kaufte und es gleich voll Freude auf seinen Altar stellte. Stunde um Stunde verbrachte Florian von nun an inniglich betend vor dem gemalten Antlitz.

Als er sich eines Nachmittags gerade auf einem Botengang befand, schrak er plötzlich auf. Es tönte nämlich vom Stephansdom her ein Signal, das einen Brand ankündigte, die Signalfahne wehte in Richtung seines Zuhauses. Wie rasch eilte Stefan da wieder heim – doch es war zu spät! Das Haus, in dem er gewohnt hatte, lag in Schutt und Asche, und sein gesamtes Eigentum war verbrannt! Traurig schritt Florian einher und wollte schon zu weinen beginnen. Aber – was war das? Das Maria-Pötsch-Bild war heil geblieben! Ein gutes Omen, dachte der junge Mann sofort. Und so war es dann auch: Florian kam bei einem Freund unter und konnte weiterhin seine Arbeit tun. Dafür bedankte er sich freilich auch redlich bei seinem Bild!

Eines Tages, als er wieder einmal vor der Gottesmutter betete, geschah ein Wunder: Die Heilige erschien ihm höchstpersönlich! Licht und glänzend wie sie war, schenkte sie dem jungen Mann auch noch ein Geldsäckchen! Nach diesem Ereignis begann für Florian eine Zeit der Fülle. Was das Heiligenbild betrifft, so beschloss er, es der Gemeinschaft zu schenken, und ließ es an einen Baum in der Praterstraße montieren. Später brachte man das Maria-Pötsch-Bild in die Pfarrkirche Sankt Nepomuk.

45__Eine Praterfahrt mit Folgen

Von Damen, »Strizzis« und Unfällen

Eines Tages geschah es, dass ein Bürger, der während des großen Spektakels der Praterfahrt im Mai von einem reichen Mann überfahren worden war, zu Kaiser Joseph II. kam. Mit anklagender Miene zeigte er diesem seinen verletzten Arm. Der Kaiser bedauerte den Vorfall und fragte, wie man das Ganze wiedergutmachen könnte. »Es geht mir nicht um Geld«, entgegnete der Verletzte, »ich will bloß sichergehen, dass so etwas hier nicht mehr vorkommt!« Freilich gewährte ihm Kaiser Joseph diesen Wunsch sofort. Gleich ordnete er eine Begrenzung der Geschwindigkeit im Prater an. Und tatsächlich hatte das zur Folge, dass die Bürger fortan langsamer umherfuhren. Zum Glück, denn so konnte das prunkvolle Spektakel, mit dem die Wiener in diesen Tagen jedes Jahr den Mai begrüßten, weitergehen, ohne dass jemand zu Schaden kam. Bei diesem historischen Hintergrund wäre es auch eine Schande gewesen, das rege Traben aufzugeben! Denn der Brauch war schon vor langer Zeit aus dem alten Veilchenfest entstanden, das früher immer von den Landesfürsten in der Donaustadt gefeiert worden war!

Bei der Praterfahrt also herrschte fortan reges, aber tempobegrenztes Treiben: Überall tummelten sich die Menschenmassen! Zum Höhepunkt des Tages erschien sogar der Wagen des Kaisers! Doch als wäre das nicht genug, vermengten sich hier auch alle unterschiedlichen Gesellschaftsschichten: Neben Adeligen sah man die einfachsten Bürger, neben dem Offizier den bedeutungslosen Soldaten, neben der modisch gekleideten Dame das arme alte Mütterchen von nebenan. Und zu allem Überfluss vollführten sogar berühmte Reiter – wie in etwa der viel genannte Sportsmann Graf Sandor – hier ihre beeindruckenden Shows! Am spannendsten freilich fand die einfache Bevölkerung aber das Erscheinen der Aristokraten.

Auch heute noch bietet der 1. Mai dem Besucher des Praters ein sehenswertes, farbenreiches Schauspiel.

Adresse Mosaik am Haus der Zirkusgasse 11, 1020 Wien | ÖPNV U 2, Haltestelle Messe – Prater | Tipp Es lohnt sich, auch einmal das im Prater gelegene Museum Madame Tussauds gesehen zu haben!

46 Pratermichels Taverne
Eine Geschichte des unverhofften Erfolges

Zu Beginn des 17. Jahrhunderts existierte direkt am Stubentor die sogenannte »Stadt Tafferne« (heute Nummer 17). In dieser arbeitete auch ein etwa 20-jähriger Schankjunge namens Michael Ainöther. Er war klein und etwas buckelig und krumm geraten, aber sehr verlässlich. Michael bediente seine Gäste stets mit großer Freundlichkeit. Ja, überall liebte man den zwergenhaft anmutenden jungen Kerl! So gewann dieser bald schon mehrere Mäzene unter den Bürgern Wiens. Der Wirt war deshalb ein bisschen eifersüchtig, aber was half's – er konnte doch nicht auf seinen besten Kellner verzichten! Und Michael, der brav arbeitete, legte immer ein wenig Geld zurück.

Eines Tages erschien ihm einer seiner Vorfahren, der ein kräftiger und wackerer Riese gewesen war, als Geist und präsentierte dem krummen Michel folgende Idee: Er sollte doch sein eigenes Lokal eröffnen! Zu jener Zeit, muss man dazu sagen, gab es in der Gegend des Praters keine öffentlichen Gasthäuser. Dennoch liebten die Bürger der Stadt es, in der Gegend der Auen zu promenieren. Kein Wunder, die üppigen Alleen und Wiesen waren nur allzu einladend mit ihrem herrlichen Grün! Besonders gern traf man sich auch auf einem Platz, der sich von der Jägerzeile über das spätere Nordbahngebäude bis zum heutigen sogenannten Praterstern erstreckte.

Nun berichtete unser krummer Michael seinen Gästen eines Tages von seinem Plan, in der Region ein Beisl zu eröffnen. Diese waren sofort begeistert von der Idee. Natürlich, wer den ganzen Tag über die Praterauen spaziert, wird irgendwann durstig! Und so bot mehr als einer der Bürger an, den beliebten Jungen zu sponsern. Gesagt, getan. Schon bald konnte Michael Ainöther die Bewilligung vom Magistrat einholen und ging frank und froh ans Errichten seiner Schenke. So eröffnete er am 1. Mai des Jahres 1603 das erste Gasthaus des Praters – der Grundstein des Wurstelpraters!

Adresse Wurstelprater, 1020 Wien | ÖPNV U2, Haltestelle Messe – Prater | Öffnungs-
zeiten 15. März–Okt. 10–23 Uhr | Tipp Im Wurstelprater befindet sich die »Republik
Kugelmugel«, eine Mikronation des Künstlers Edwin Lipburger, in der regelmäßig Kunst-
und Kulturveranstaltungen stattfinden.

47___Der Spiegelteufel

Wer ist die Schönste in der Leopoldstadt?

Über viele Jahre hinweg drohten ungeduldige Mütter ihren Töchtern, die gern lang ihr Antlitz betrachteten, mit folgenden Worten: »Pass auf, dass der Teufel nicht aus dem Spiegel springt!« Denn wer voll Eitelkeit und Stolz ist, der ist ein willkommenes Opfer für den bösen Geist.

Immer wieder soll Luzifer deswegen auch in gewissen Wiener Spiegeln zugegen gewesen sein. Einmal erschien er der jungen Clara aus der Leopoldstadt.

Diese liebte es überaus, in ihrer Kammer zu hocken und sich über ihr Gesichtchen zu freuen, das sie stets besonders herrichtete. Zugegeben, sie war sehr schön, aber sie führte ein ziemliches Lasterleben! Doch es geschah eines Tages, dass das Mädchen sehr krank wurde. Kurz vor dem Tode wusste die arme Clara nicht mehr ein und aus. Da vertiefte sie sich ins Gebet und versprach, von nun an ein gottgefälliges Leben zu führen, wenn sie bloß wieder gesund würde! Und der Herr war dem Mädchen freilich gnädig. So kam Clara schon nach wenigen Wochen wieder zu Kräften und war schließlich ganz die Alte. Quicklebendig und heilfroh, genug Kraft zu besitzen, vergaß Clara aber, kaum dass es ihr besser ging, all ihre Versprechen und lebte weiter wie eh und je.

Aber dieser Wortbruch blieb nicht ungestraft! Als das Mädchen wieder einmal vorm Spiegel saß, da ertönte plötzlich ein seltsames Knacken. Während Clara verwirrt nach der Ursache dieses Geräusches suchte, musste sie stocken. Ihr Spiegelbild war verschwunden! Ja, die Fläche des Spiegels blieb einfach leer, ganz so, als sei niemand da! Clara blinzelte und fuhr verwirrt mit der Hand über die glatt polierte Oberfläche, und in diesem Moment schien es, als würde eine fremde Macht sie ergreifen. Und da geschah es: Auf einmal hüpfte der Teufel selbst aus dem Spiegel, fasste sie am Haarschopf und zog sie durch den Spiegel mit sich mit. In die Hölle, versteht sich!

Adresse Leopoldstadt, Schüttelstraße 3, 1020 Wien, hier soll sich die Sage ereignet haben |
ÖPNV U 1, Haltestelle Nestroyplatz | Tipp Besichtigen Sie die Wohnung des Komponisten
Johann Strauss (Sohn) in der Taborstraße 54. Hier schrieb er den berühmten Walzer »An
der schönen blauen Donau«.

48__Die vielen Namen des Praters

Vom Titel der Wiesen und Alleen

Was den Namen »Prater« betrifft, so hat dieser seine Wurzeln wahrscheinlich im 12. Jahrhundert. Aus einer Urkunde aus dem Jahr 1162 geht hervor, dass der Prater ein Präsent war: Der Herzog Friedrich I. von Österreich, aus dem Geschlecht der Babenberger – auch unter dem Beinamen »der Katholische« oder »der Christliche« bekannt –, übergab die zwischen Donau und Mannswörth gelegenen Wiesen an das damalige Adelsgeschlecht »de Prato«. Doch mit dem Besitz hatten diese fortan sehr viel Pech: Schon bald kam es zu Streitereien, das herrliche Gebiet betreffend, die sich noch bis über das Jahr 1329 hinaus hinzogen. In der Urkunde wurde die Au als Pratum (»Wiese«) bezeichnet; erst später gab man ihr den Namen »Prater«.

Danach war die Gegend im Besitz des jeweiligen Landesfürsten. Im 13. Jahrhundert wurde ein Teil davon dem Stift Klosterneuburg zugeschrieben. Aber auch die Stadt Wien sowie einige geistliche Institute waren im Besitz von Teilen dieses Gebietes. In einer Urkunde aus dem Jahr 1403 soll bereits erstmals die Bezeichnung »Prater« auftauchen.

Als im Jahre 1484 unter Matthias Corvinus die Ungarn die Gründe des Praters betraten, wurde die Bezeichnung der Gegend kurzzeitig in »Bardea« geändert. Doch bereits 1505 verfügte Kaiser Maximilian I., dass die Region fortan wieder ihren alten Namen tragen solle: »Prater-Au«.

Noch heute kann man sich an dieser Region erfreuen. Blühende Grünoasen bringen das Herz zum Hüpfen, Parks und Alleen erheitern das menschliche Gemüt. Ja, der Prater versüßt das Leben aller Menschen, die sich in Wien aufhalten! Das war aber nicht immer so: Erst seit dem Jahre 1766 ist der Prater für alle Bewohnerinnen und Bewohner der Stadt zugänglich – der Startschuss für den sogenannten »Wurstelprater«. Bald schon gab es hier die unterschiedlichsten Gaukler, Wirte und Verkäufer. Karussells, Schaukeln und Kegelbahnen folgten.

Adresse Wurstelprater, 1020 Wien | ÖPNV U 2, Haltestelle Messe – Prater | Öffnungszeiten 15. März–Okt. 10–23 Uhr | **Tipp** Wer den Prater besucht, sollte unbedingt mit der Liliputbahn fahren.

49 Das Armensündergässchen

Die Anzahl der Menschen macht's

Einst gab es in Wien ein kleines Gässchen, das zu einer Richtstatt geführt haben soll: das Armensündergässchen. Eines Tages stand eine alte Frau in sich gekehrt und vor sich hin murmelnd am Eingang des kleinen Durchgangs. Sie wirkte sehr beunruhigt und sah sich immer wieder um. So ging das eine Weile, bis sie schließlich eine junge Passantin herbeirief und sie bat, sie durch das Gässchen zu begleiten. Als ihnen jedoch ein Mann entgegenkam, blieb die alte Frau abrupt stehen und bedeutete dem Mädchen, zu warten, bis er die Gasse verlassen hatte.

Das Mädchen war etwas verwirrt und fragte die Frau, als sie schließlich ihr Ziel erreicht hatten, warum sie so plötzlich stehen geblieben sei. Da stellte sich heraus, dass das alte Mütterchen überzeugt war, diese Gasse dürfe man nur in gerader Anzahl betreten. Wenn sie zu dritt hindurchgegangen wären, würden sie innerhalb eines Jahres von einem Unglück heimgesucht werden. Sie berichtete, dies sei in der Vergangenheit schon vorgekommen: Einem, so behauptete die schrullige Alte steif und fest, sei das Kind gestorben, während ein anderer pleiteging! Ja, ein Mann habe sich sogar das Bein gebrochen, und eine ehrenwerte Dame sei Witwe geworden! Und alles bloß wegen der Anzahl der Passanten auf einer Straße!

Das Mädchen lachte zwar zunächst über diese Geschichte. Aber schließlich nahm es sich die Worte des Mütterchens doch zu Herzen und zählte von da an immer die Passanten im Armensündergässchen.

Was die genaue Lage dieser Gasse betrifft, so befand sie sich früher in Erdberg – heute existiert sie nicht mehr. Nur die Sagen, die sich um sie ranken, die kennen noch ein paar Menschen in Wien. Man nimmt jedenfalls an, dass sich die Gasse neben der in Erdberg liegenden Czapkagasse befunden haben muss. Diese ist leicht mit der U 3 zu erreichen. Also: hingehen und Passanten zählen!

Adresse Czapkagasse, 1030 Wien | ÖPNV U 3, U 4, Haltestelle Landstraße | Tipp Bitte die Menschen auf der Straße immer genau zählen! In der Gärtnergasse 12, einer Quergasse der Czapkagasse, befindet sich das besondere Lokal »Hemmers« und erfreut mit traditioneller Küche.

50__ Christus in Ketten

Unschuld in der Elisabethinenkirche

Einst wurde in Wien ein Mann verklagt. Die Richter waren sicher, dass er ein gar arges Übel auf dem Gewissen habe, und sie wollten von dieser Überzeugung nicht weichen. Denn obwohl der Angeklagte vehement seine Unschuld beteuerte, erzählten die Zeugen das Gegenteil. Schließlich wurde das Urteil gefällt: Tod! Man fesselte den Angeklagten an all seinen Gliedern mit schweren Eisenketten und schickte ihn zum Richtplatz auf der Gänseweide. Geknickt machte der arme Mann sich auf den Weg. Welch ein Glück, dass er auf seinem letzten Weg an der Elisabethinenkirche vorbeikam! Ein fremder Sog schien den Frommen geradezu zu der Kirche hinzuziehen, und so bat er, nur kurz das Gotteshaus betreten zu dürfen. Natürlich schlug man ihm diesen Wunsch nicht ab, zumal man ja meinte, es sei sein letzter!

So betrat der Verurteilte zitternd die Kapelle und kniete vor der Christusstatue zu Boden. Er bebte am ganzen Körper und betete mit aller Kraft, die er übrig hatte. Flehend bat er den lieben Gott um Hilfe. Und siehe da – das Gebet des armen Verurteilten wurde sofort erhört, die Ketten lösten sich wie von Zauberhand von den ausgezehrten Gliedern des Mannes! Da konnte das um ihn herumstehende Volk bloß staunen! Durch dieses Gottesurteil war natürlich auch der Richter überzeugt, dass den Angeklagten keine Schuld traf – und so ließ man ihn frei!

Der Mann aber, erleichtert, an diesem Tage noch nicht vor seinen Schöpfer treten zu müssen, ließ als Dank bei der Statue seine Ketten zurück und brach frohgemut auf.

Besucht man heute die Elisabethinenkirche in der Landstraße, dann kann man eine Statue finden, die Jesus Christus an einer Geißelsäule zeigt.

Das Irritierende bei dieser Darstellung ist aber, dass der Heiland an eine schwere Eisenkette gefesselt ist. Wir aber wissen ja jetzt, was es mit diesem Geheimnis auf sich hat!

Adresse Elisabethinenkirche, Landstraßer Hauptstraße 4a, 1030 Wien | ÖPNV U 3, U 4, Haltestelle Landstraße | Öffnungszeiten Mo – Sa 8.30 – 10 Uhr, So 8 – 10 Uhr | Tipp Das Böhmerwaldmuseum in der Ungargasse 3 sollte man gesehen haben.

51 Der verkleidete Held

Wie nahe Königs- und Mönchstum sind!

Als der wackere Babenberger Herzog Leopold V. nach seinem Sieg am 12. Juli 1191 die Festung Akkon in Galiläa einnahm, war er es auch, der als Erster seine Fahne auf den Turm der Festung heftete. Das aber sah der tapfere Richard Löwenherz, und, zugegeben, es gefiel ihm gar nicht! Er war ein wenig neidisch! Und sofort ließ er das angebrachte Zeichen wieder herunterreißen. Leopold empfand das verständlicherweise als Affront und erklärte, nie wieder wolle er zusammen mit König Richard in den Krieg ziehen. Ja, er sagte ihm sogar den Kampf an!

Da entschied Richard, nach Beendigung des Kreuzzuges so schnell es ging, und möglichst unerkannt, die Rückreise anzutreten. Als Mönche verkleidet reisten Richard und ein Teil seines Gefolges durch den Herrschaftsbereich Leopolds.

Da es in diesen Zeiten viele Pilger gab, konnten die Freunde ungehindert ihres Weges wandern, ohne aufzufallen. Es wurde jedoch immer schwieriger, an Nahrung zu gelangen, denn Löwenherz und sein Gefolge wagten es nicht mehr, mit den Münzen aus ihrem Heimatland zu bezahlen – schließlich konnte jemand Verdacht schöpfen!

Endlich erreichten Richard und seine Männer ein prächtiges Jagdschloss in Erdberg, das sich im Besitz von Leopold V. befand. Wie gut roch es da! Aus dem Fenster strömte ein herrlicher Duft von gebratenem Fleisch und vielen anderen Köstlichkeiten! Sofort folgte die Truppe diesem Geruch und kam in einen prunkvollen Hof. Dort konnte man viele Pilger sehen, die auf eine Essensspende hofften. Vom Hunger geleitet, ging König Richard schließlich tapfer in die Küche, um nach Essen zu fragen. Doch dort wurde er leider erkannt und festgenommen. Mit Schimpf und Schande wurde Richard daraufhin in ein Verlies gebracht. Bis zu seiner Befreiung blieb er ein Gefangener des Kaisers Leopold.

Eine Gedenktafel erzählt noch heute von dieser Gefangennahme.

Adresse Richard-Löwenherz-Gedenktafel, Erdbergstraße 41 Eingang, 1030 Wien |
ÖPNV Bus 77A, Haltestelle Apostelgasse | Tipp Sollte jemand Vielseitigkeit lieben, so
ist das Asia-Restaurant in derselben Straße sehr zu empfehlen!

52 Zur weißen Taube

Von belohnten Opfertoden

Man behauptet, dass der Hausname »Zur weißen Taube« in Erdberg mit dem Opfertod des Wiedertäufers Baltasar Hubmaier – auch Hubmayr genannt – zusammenhängt.

Dieser lebte im 16. Jahrhundert, zu einer Zeit, als die Reformation sich zunehmend in Europa ausbreitete. Menschen wandten sich von Rom und damit vom Papst ab und wurden deswegen von der römisch-katholischen Kirche auf dem Scheiterhaufen verbrannt. Baltasar Hubmaier kam 1522 in Kontakt mit mehreren Humanisten und lernte die Schriften Martin Luthers kennen. Später wurden er und seine Ehefrau Führer der Wiener Wiedertäuferbewegung. Das Ehepaar wurde aufgrund seines Glaubens gefangen genommen und nach Wien ausgeliefert. Hubmaier wurde in einen Kerker des damals noch stehenden Kärnterturms geworfen. Später brachte man ihn in die Burg Greifenstein. Dort, so munkelt man, habe der heilige Gefangene eine Schlange gezähmt! Noch viele Jahre später stellte man die vermeintliche Haut dieses Tieres in jenem Bergschloss aus.

Immer wieder bemühte man sich, den besonderen Mann dazu zu bringen, seinen Glauben aufzugeben – aber ohne Erfolg! Man muss wissen, dass besonders in Österreich in dieser Zeit Hass gegen Leute anderen Glaubens herrschte – den die Habsburger übrigens auch voll und ganz guthießen! So war auch Ferdinand I. ein Intimfeind von Balthasar Hubmaier und setzte alles daran, dessen Willen zu brechen. Dennoch scheiterten seine Versuche, Hubmaier auf den »rechten Weg« zurückzubringen. Am 10. März 1528 ereilte ihn sein Märtyrer-Schicksal: Baltasar Hubmaier wurde hingerichtet.

Seine Beharrlichkeit aber beeindruckte viele Menschen, und einige berichten, eine weiße Taube habe sich aus dem Scheiterhaufen, auf dem er verbrannt wurde, erhoben. Sie soll, so munkelt man, aus der Asche geflattert und in Richtung Erdberg verschwunden sein, genau dahin, wo sich heute das Haus mit der Nummer 38 befindet. Ob man der Taube heute noch begegnen kann?

Adresse Erdbergstraße 38, 1030 Wien | ÖPNV U 3, Haltestelle Rochusgasse | Tipp
Wundern Sie sich nicht, wenn die weißen Tauben hierzulande grau sind! Das Gasthaus
Bauer in der Erdbergstraße 130 bietet köstliche Wiener Schmankerl!

53 Die Bärenmühle

Wenn Häute Geschenke werden

Die Sage von der Bärenmühle stammt aus dem 4. Bezirk. Dort standen vor vielen Jahren drei große Mühlen. Damals waren die Dörfer Nikolsdorf, Matzleinsdorf und Reinprechtsdorf selbstständige Gemeinden. In den warmen Monaten des Jahres konnte man unbedarft durch den nahen Wald spazieren, im Winter jedoch wurden hier wie anderswo Wölfe und Bären gesichtet, die sich auf der Suche nach Nahrung den Siedlungen immer weiter näherten. So war es kein Wunder, dass der Müller Johann Wachtel, dem eine der drei großen Mühlen gehörte, einem wilden Tier begegnete, als er nachts im Winter unterwegs war. Zuerst hörte er ein schauerliches Schnauben in seinem Rücken! Es dauerte nur einen kurzen Augenblick, dann packten zwei Tatzen den armen Mann, und er flog mit einem Prankenhieb auf die Erde. Ein Bär war aufgetaucht! Doch Johann, der das Schleppen von Mühlsäcken gewöhnt war, hatte sehr viel Kraft, und er kämpfte wacker mit dem pelzigen Tier. Dennoch: Es half nichts.

Zum Glück gab es da noch seinen treuen Knecht, den Andreas, der im ersten Stock der Mühle seine Schlafkammer hatte und von dem Lärm erwachte. Ohne nachzudenken, sprang der wackere Diener gleich aus seinem Fenster und landete auf dem Rücken des Bären. Andreas erwürgte das Tier mit seinen starken Armen, und sein Hausherr konnte entkommen! Geld jedoch wollte der tapfere Johann für seine Heldentat nicht nehmen – er bat aber, bescheiden wie er war, um das wollige Fell des Bären. Aus dieser Bärenhaut ließ der Knecht sich einen warmen Mantel machen. »Zum Bärenhäuter« konnte man fortan auf dem Schild, das an seiner Türe angebracht war, lesen. Das Haus nannte sich fortan auch »Bärenmühle«. Und bis heute ist dies der Name eines Wohnhauses in Wien-Wieden, das 1937/1938 von den Architekten Heinrich Schmid und Hermann Aichinger geplant und anstelle eines gleichnamigen historischen Gebäudes an der Rechten Wienzeile 1–1A errichtet wurde.

54 Der Engelbrunnen
Von Teufeln und Wundern

Vor langer, langer Zeit machte ein Räuber, Hans Ausschring genannt, Wien unsicher. Die Bewohner der Region fürchteten ihn gar sehr und hatten ihm den Beinamen »Waldteufel« gegeben. Kein Wunder: Grausam wie Luzifer selbst war dieser böse Mann! Nun begab es sich, dass zur selben Zeit ein Fassbinder im Gebiet des heutigen Wieden lebte. Vor allem wegen seiner besonders hübschen Tochter, der holden Elsbeth, war er im ganzen Ort bekannt und gern gesehen.

Eines Abends im Herbst des Jahres 1370 geschah es, dass die Elsbeth in einem Wagen vor der Teufelsmühle anhielt. Sie stieg mit zwei starken Männern aus und befahl ihnen, eine seltsame Kiste in die Mühle zu hieven. Dem bösen Waldteufel, der sich gerade in dieser Gegend herumtrieb, entging das natürlich nicht. Heimlich schlich er sich an die Kiste heran, denn er fragte sich, was da wohl drinstecken konnte. Doch siehe – als er diese öffnete, da war sie leer! Seltsam, dachte der Waldteufel, aber gleich darauf erblickte er daneben einen besonderen Sessel, den er sofort genau auskundschaftete. Schließlich nahm er darauf Platz. Aber was war das? Der Stuhl begann mit einem Mal auf das Scheußlichste zu rattern! Und, so schnell konnte der Waldteufel gar nicht schauen, da schossen plötzlich Ketten hervor und schoben sich über all seine Glieder! Denn die mutige Elsbeth hatte einen Schmiedemeister gebeten, einen magischen Stuhl zu entwerfen. So war es der hübschen Tochter gelungen, mit Hilfe dieses Gittersessels den gefährlichen Räuber zu fassen zu bekommen.

Am nächsten Tag schon wurde er hingerichtet. Das Mädchen aber bekam seinen wohlverdienten Lohn – und der Engelbrunnen im vierten Bezirk erinnert noch heute an diese Begebenheit. Für seine Gestaltung nahm Anton Paul Wagner, der auch den Gänsemädchenbrunnen schuf, die Sage der klugen Heldin zum Vorbild. Der Brunnen wurde am 5. Dezember 1893 enthüllt.

Adresse Engelbrunnen, Wiedner Hauptstraße 55, 1040 Wien | ÖPNV Straßenbahn 1, Haltestelle Mayerhofgasse | Tipp Stets bringt es Glück, ein kleines Geldstück in einen Brunnen zu werfen und sich dabei ganz fest etwas zu wünschen! Es lohnt sich, Rudi's Beisl in der Wiedner Hauptstraße 88 zu besuchen.

55_Der Hungerbrunnen

Tropfen können tanzen

Viele Jahre ist's her, da konnte man in einer Vorstadt von Wien einen alten Brunnen stehen sehen. Dieser stand genau dort, wo die heutige Wieden sich befindet. Aber das war nicht einfach irgendein Brunnen! Nein, dieser hatte eine prophetische Gabe! Er sprudelte nämlich nur dann, wenn es galt, ein Unheil anzukünden! Zum Glück war das Brünnlein viele Jahre lang trocken, und zwar ziemlich genau bis zu dem Zeitpunkt, als der Frühling des Jahres 1271 einkehrte. Von einem Tag auf den anderen entdeckten die Menschen Wasser am Grunde des Brunnens, und schon bald war der Brunnenschacht bis oben gefüllt!

Was daraufhin folgte, ahnen wir bereits: Großes Unglück zog in die Stadt! Die Region wurde in diesem Jahr von einer schlimmen Dürreperiode heimgesucht. Es wollte einfach nicht regnen, was verheerende Folgen für den Ackerbau hatte. Nichts wollte mehr blühen! Im Juli schließlich geschah es sogar, dass in Wien, begünstigt von der Trockenheit, ein Großbrand wütete. Doch damit nicht genug! Kurz darauf kündigte der Herrscher Ottokar von Böhmen an, gegen Ungarn in den Krieg zu ziehen! Da war das Elend komplett: Scharen von Soldaten wanderten durch die Straßen der ausgetrockneten Stadt und verbrauchten das wenige, was an Nahrung noch da war. An allen Ecken und Enden wurde gebettelt. Irgendwann sah der Herrscher aber zum Glück ein, dass sein Heereszug nur Schaden anrichtete, und er befahl den Truppen, heimzukehren.

Aber kaum hatten diese sich zurückgezogen, da sah man die ersten Wolken am Himmel, und endlich prasselte wieder der Regen auf die Felder! Die Menschen konnten es kaum glauben; lachend liefen sie umher, tanzten und umarmten einander.

Um an jene schwierige Zeit zu erinnern, gab man der Häuserreihe der Vorstadt später den Namen »Hungerbrunnen«, doch unter dem Volk war dieser bloß als »Hunglbrunn« bekannt.

DIE SAGE VOM HUNGELBRUNN

Adresse Sagenmotiv am Haus Rainergasse 20, 1040 Wien | ÖPNV Bus 13A, Haltestelle Rainergasse | Tipp Die Johann-Strauß-Gasse ist eine Parallelstraße dieser Straße!

56__Klagende Wesen
Spukende Wesen in Blätterkronen

Wie das Siechenhaus »Zum Klagbaum« zu seinem Namen kam? Angeblich geht der Begriff auf ein spukendes Gespenst zurück, das man im Volksmund auch als »Wehklag« oder »Klag« bezeichnete. Dieses erschien immer wieder auf dem Straßenpflaster und nervte die Bewohner der Region mit unermüdlichem Weinen und Greinen. Aber nicht grundlos: Stets kündigte die Wehklag Kriege oder Seuchen an, warnte vor Krankheiten, Dürreperioden, Überschwemmungen oder anderen Katastrophen.

Laut Berichten sah der seltsame Spuk aus wie ein Ball. Herzzerreißendes Gejammer ausrufend rollte dieser durch die Gegend und kam erst zur Ruhe, wenn die angekündigte Katastrophe die Umgebung erreicht hatte. Auch wenn es galt, auf den Tod eines Menschen hinzuweisen, war »die Klag« in Wien vor Ort. So wimmerte sie, zu einem verzweifelten Bällchen zusammengerollt, wie eine Kreissäge und kollerte jammernd durch die Gassen. Hin und wieder kam sie auch vor einem besonderen Haus zu stehen, vor dem sie sich aufblähte und zu einer riesigen Geschwulst heranwuchs. Bestimmt musste dort drin in diesem Moment jemand sterben, da könnt ihr sicher sein! Sobald das Wimmern der Wehklag ertönte, galt es, rasch alle Fenster und Türen zu schließen. Man munkelte nämlich, dass, würde man den traurigen Ball erblicken, der eigene Kopf anschwelle wie ein Luftballon. Manch einer unter den Bewohnern berichtete, er habe ein ähnliches Rufen auch vom Lindenbaum an der Wieden gehört. Das führte dazu, dass man es in Hinkunft vermied, sich dort aufzuhalten.

Alles ein Märchen? Eines jedenfalls geht aus den Quellen hervor: Das Siechenhaus zum Klagbaum war früher ein Spital für Leprakranke in der damaligen Wiener Vorstadt bei Hungelbrunn. Es befand sich dort, wo sich heute die Wiedner Hauptstraße 64–66 beziehungsweise die Klagbaumgasse 1–4 befinden. Die Gasse wurde nach dem Hause benannt.

Adresse Klagbaumgasse, 1040 Wien | ÖPNV Straßenbahn 1, Haltestelle Johannes-Strauß-Gasse | Tipp Das Café Wortner in der Wiedner Hauptstraße 55 serviert den besten »Mohr im Hemd«.

57__Die traurige Linde
Große Mutterliebe

In alten Zeiten reckte sich am Stadtrand von Wien auf einem leichten Hügel eine wunderschöne Linde empor. Die war bei einer Frau ganz besonders beliebt, und oft ging diese mit ihrem Töchterlein dorthin. Als jedoch der Winter hereinbrach, wurde das kleine Mädchen immer trauriger. Wie schade, jetzt konnte es nicht mehr zu seinem geliebten Baum gehen und auf der Blumenwiese spielen!

Bald ergriff eine bittere Erkältung das Kind. Fiebernd sprach es jetzt nur noch von seiner geliebten Linde, der Blumenwiese und den Kränzen, die es mit seiner Mutter dort geflochten hatte. Und es dauerte nicht lange, da hatte die Krankheit gesiegt: Das Mädchen war tot.

Wie litt da die Mutter! Tag und Nacht harrte sie am Grab des Kindes aus. Als der Frühling kam, da verbrachte sie all ihre Zeit bei der Linde. Diese blühte wie eh und je, ganz so, als sei nichts geschehen. Die Mutter aber dachte immer nur an ihre Tochter, während sie in die Wipfel des Baumes starrte, und konnte keinen Frieden finden. Ja, sogar in der Nacht kauerte sie manchmal unter der Linde und blickte mit ausdruckslosem Gesicht in die Leere.

Eines Abends aber musste sie aufhorchen. Was war das? Da rauschte und tönte es, und es näherte sich ihr ein eigentümliches Leuchten! Nach und nach erkannte die Frau ihr Kindlein, das auf sie zuzukommen schien. Hell und strahlend war es, und es bat die verzweifelte Frau, nicht länger zu trauern. »Auf der Himmelswiese, da blühen unsere Blumen ganz wunderbar!«, sagte es, nahm die Verzweifelte an der Hand und führte sie mit sich.

Am folgenden Morgen ward die gute Frau tot unter der Linde gefunden. Sie trug ein glückliches Lächeln auf den Lippen. Von da an nannten die Leute den Baum nur noch Klagebaum. Die Klagbaumgasse wurde nach ihm benannt. Und noch heute trägt Wieden diese »traurige Linde« als Bezirkssymbol.

Adresse Sagenmotiv am Haus Wiedner Hauptstraße 44, 1040 Wien | ÖPNV Straßen-
bahn 1, Haltestelle Mayerhofgasse | Tipp Das Gasthaus Krippl in der Mayerhofgasse 18
bietet traditionelle Wiener Küche an.

58 Der Wassermann in der Wien

Rettung vor Dürre und Trockenheit

Einst soll es einen Wassermann in Wien gegeben haben, der im Wienfluss lebte. Viele Bewohner behaupteten damals, ihn gesehen zu haben. Sie beschrieben ihn als klein und durchsichtig. Weiter erzählten sie, dass er etwas krumm ging, während das Gesicht mit den tief liegenden Augen schwach leuchtete. Er war ganz in grauen Stoff gehüllt – graues Wams und graue Hosen –, dazu trug er feste Stiefel, an denen rote Quasten baumelten. Auf dem Kopf thronte ein grüner Schlapphut. Immer wieder konnte man das Wesen bei Sonnenuntergang am Rande des Wehrs entdecken. Mitunter winkte er seinen Beobachtern dann zu. Doch wehe dem, der sich ihm darauf näherte, der ward unter Wasser gezogen und fortan nie wieder gesehen. Am feuchten Grunde des Flusses musste dann die Seele des armen Opfers für den Rest der Zeit verweilen.

Aber der Geist hatte auch gute Seiten: Seine Anwesenheit bewahrte den Wienfluss vor dem Austrocknen und beschützte die Tiere und Pflanzen, die das Ufer bevölkerten. Dadurch herrschte in der Region rundum auch in Dürreperioden niemals Wassernot.

Einmal geschah es, dass sich ein besonders mutiger – oder besonders dummer – Kerl, der nicht einmal schwimmen konnte, Ochsenblasen beschaffte. Diese blies er auf und schnürte sie sich als Schwimmhilfe um seinen Oberkörper. Auf diese Weise ausgestattet war er sich sicher, dass ihm nichts passieren könne, wenn er sich nun dem Zuhause des Wassermannes näherte. Zugegeben, er wollte das Wesen ein wenig herausfordern und die Grenzen ausloten. So schwamm er singend und heiter umher und trieb es gar lustig. Doch der Bursche verlor rasch seine draufgängerische Haltung. Niemand weiß, wie genau es geschah – vielleicht hatte der Wassermann ein Messer dabei, um die Ochsenblasen abzuschneiden? Denn nur kurz darauf schrie der junge Mann ein letztes Mal auf, dann verschwand sein Kopf in den Wellen.

Adresse Fassade Rechte Wienzeile 71, 1050 Wien | ÖPNV U 4, Haltestelle Kettenbrücken-
gasse | Tipp An der Wienzeile finden sich wunderschöne Gebäude, etwa das Majolikahaus
in der Linken Wienzeile 40 von Otto Wagner.

59 Der Rattenfänger

Wenn Klänge Kinder fangen

Früher war es in Wien wie auch anderswo üblich, dass die Leute ihre Abfälle nicht gezielt entsorgten, sondern einfach aus dem Fenster warfen. Der Unrat zog natürlich Schädlinge an. Wen wundert es da, dass die Stadt immer wieder von Ratten- und Mäuseplagen heimgesucht wurde? Besonders intensiv wüteten die Biester angeblich im Magdalenengrund. In jenen Zeiten aber gab es zum Glück einen außergewöhnlichen Mäusefänger: Hans Mäusel. Der brach auf und erklärte den Ratsherren, dass er ihnen helfen könne. Hocherfreut nahmen diese das Angebot an und versprachen dem Herrn Mäusel großen Lohn, wenn es ihm gelänge, die bösen Tiere zu vernichten.

Schon am folgenden Tag konnte man eine schillernde Gestalt am Magdalenengrund erblicken, die auf einer Flöte eine sonderbare Melodie blies. Die fremdartige Musik übte eine magische Anziehungskraft auf die Nager aus, aus allen möglichen Winkeln strömten sie hervor. Sie folgten dem Hans in ganzen Scharen. Als Hans nun das Ufer der Donau erreichte, betrat er ein Boot und bat den Schiffer, hinauszufahren. Währenddessen fuhr er fort, auf seinem Instrument zu tönen. Aber was war das? Die entzückten Tiere liefen dem Herrn Mäusle tatsächlich weiter nach und ertranken! Kein Wunder, dass der Mäusefänger daraufhin auch seine Bezahlung erhalten wollte. Die Ratsherren aber warfen ihm vor, er sei ein Diener des Teufels und verweigerten ihm seinen Lohn.

So geschah es, dass Hans am Tag darauf wieder am Marktplatz erschien und wie zuvor seine Flöte blies. Diesmal aber waren es die Kinder, die diese Klänge bezauberten. Wie in einem Rausch strömten sie in Richtung Markt! Als der Hans Mäusel nun seines Weges ging, folgten sie ihm mit leuchtenden Augen. Schließlich bestieg Hans wieder das Boot, und siehe, die Kinder gingen alle mit ihm an Bord! Dann legte der Kahn ab und ward nie wieder gesehen. Die Kinder gelten bis heute als verschollen!

Adresse Magdalenengrund, auch Ratzenstadl genannt; Bezirksmuseum: Mollardgasse 8, 1060 Wien; Darstellung der Sage beim Eingang des Hauses Opernring 4, 1010 Wien | ÖPNV 13A, Haltestelle Pilgramgasse | **Tipp** Für alle Sportbegeisterten empfiehlt es sich, in die Sporthalle zu gehen.

60 Die Schustermichelglocke
Von der traurigsten Glocke der Welt

Nahe einer kleinen Holzkapelle, die von der katholischen Ordens-
gemeinschaft der Barnabiten errichtet worden ist, wohnte einst ein
Schuster, der dort auch ein Wirtshaus führte. Man erzählte sich, er
sei ein fleißiger Mann gewesen. Aber leider war er auch sehr geizig
und dachte Tag und Nacht ans Geld.

Nun geschah es, dass eines Abends ein Wanderer zu ihm kam, der
mit zitterndem Unterton in der Stimme bat, die Pfarrkirche betreten zu dürfen. Der Fremde versprach, den Schustermichel für seine
Hilfe reichlich zu entlohnen. Freilich sperrte der Michel ihm, als er
das hörte, sofort die Kirche auf. Am nächsten Morgen entlohnte der
Mann ihn tatsächlich und gab ihm außerdem eine Kassette. Er sagte:
»Passt gut darauf auf. Wenn ich binnen eines Jahres nicht zurückgekehrt bin, dürft ihr diese Kassette öffnen.«

Als nun über ein Jahr vergangen war und der Fremde sich nicht
mehr hatte sehen lassen, riss der Michel die geheimnisvolle Scha-
tulle mit hartem Ruck auf. Und siehe da: Das Kästchen quoll über
mit Gold, Silber, Perlen und Edelsteinen! Der Schustermichel
kramte ein wenig in dem besonderen Schatz, und da fand er ganz
unten am Boden ein Schreiben, das besagte, dieser Reichtum solle
dem Pfarrer der Pfarre Mariahilf übergeben werden. Habgierig wie
er war, gefiel ihm diese Anweisung aber überhaupt nicht – und so
behielt er die Juwelen.

Als nun seine letzte Stunde geschlagen hatte, ließ er, der sein Vergehen inzwischen bereute, den Priester für die Letzte Ölung her-
beiholen. Unter Tränen erzählte er diesem die ganze Wahrheit des
Kästchens und übergab ihm den gesamten Schatz. Danach schlief
er mit einem leisen Lächeln ein.

Die Wallfahrtskirche in Mariahilf wurde daraufhin mit prunkvollsten Gegenständen ausgestattet und ist bis heute eine der schönsten römisch-katholische Pfarrkirchen im 6. Wiener Bezirk. Ihre
Glocke nennt man im Volksmund auch »Schustermichel«.

Adresse Mariahilferpfarre, Barnabitengasse, 1060 Wien | ÖPNV U 3, Haltestelle
Neubaugasse | Öffnungszeiten Mo – So 8 – 18 Uhr | Tipp Für alle literarisch interessierten
Menschen: Auch das Literaturhaus Wien befindet sich in der Neubaugasse.

61_Der Windgeist
Stürmischer Spuk

Eine windige Gegend mag Gumpersdorf über viele Jahre hinweg gewesen sein. Jedenfalls geht über diese Region folgende Sage: Eines schönen Nachmittags, als wieder einmal ein heftiger Sturm um die Mauern eines Gumpendorfer Hauses brauste, da riet eine weise Wäscherin den Kindern, sie mögen den Wind füttern, damit er endlich Ruhe gäbe.

Eine Nachbarin aber hörte das und lachte die Frau mit den Worten »Da erstech ich lieber den Hund!« aus. Doch damit nicht genug: Sie warf auch noch ein Messer nach dem Wind! Die weise Frau warnte sie und sagte ihr schreckliches Übel voraus, doch die Gute kümmerte sich nicht darum.

Aber was war das! Als sie nach Hause zurückkehrte, da erblickte sie auf einmal einen überlebensgroßen Fremden vor sich. Ängstlich wich sie zurück und fragte sich dabei, ob die Wäscherin mit ihrer Warnung recht gehabt hatte. Sie bemühte sich, einen besonders guten Eindruck zu machen, und bot dem Herrn einen Stuhl und eine Stärkung an. Der Mann, gekleidet in wallende Gewänder, nahm Platz und lächelte. »Gut, dass du mir, nachdem du zuvor so frech das Messer nach mir geworfen hast, so freundlich entgegenkommst«, meinte er milde. »Denn wisse: Ich bin der Wind. Und ich könnte dich ganz schön umherfegen, ja, sogar zerreißen, wenn ich wollte!« Die Frau nickte und atmete innerlich auf. Das war ja noch einmal gut gegangen, dachte sie und betrachtete den überlebensgroßen Windgeist mit erleichtertem Blick.

Was die Region betrifft, in der der Wind angeblich einmal eingekehrt ist, so handelt es sich dabei um Gumpendorf. Die Siedlung Gumpendorf entstand um das Jahr 1000 herum entlang einer ehemaligen Römerstraße, deren Verlauf teilweise der heutigen Gumpendorfer Straße entsprach. Diese Region entwickelte sich schließlich vom Dorf am Wienfluss zu einer dicht besiedelten Vorstadt Wiens.

Adresse Gumpendorfer Straße 6, 1060 Wien | ÖPNV U 6, Haltestelle Gumpendorfer
Straße | Tipp Winddämonen unterscheiden sich von Elfen durch ihre Größe und die Spitze
der Ohren, schenkt man den Überlieferungen Glauben. In der Gumpendorfer Straße 10
findet man auch das alternative Kaffeehaus Phil, das außerdem tolle Bücher verkauft.

62 — Das Bärenkreuz

Eine seltsame Begegnung

Von einer besonderen Begegnung zwischen Tier und Mensch handelt die Sage von dem Bärenkreuz, das heute in der Lazaristenkirche besichtigt werden kann.

Vor langer Zeit zog ein wandernder Gaukler mit seinem zottigen Freund, einem Braunbären, durch die Straßen. Die Glöckchen, die er auf seinem schillernden Gewande trug, klangen und bimmelten. Das war vielleicht ein Anblick! Hurtig marschierte der fahrende Geselle mit seinem Bären an der Kette in Richtung Hundsturm. Dort wollte er im Besonderen hohe und vornehme Herren belustigen; doch schon der Weg dorthin wurde zum Spektakel. Die Kinder aus der Gegend kamen herbeigelaufen, jauchzten und lärmten und ärgerten den Bär. Der gute Teddy, der dieses Geschrei nicht gewohnt war, kümmerte sich zunächst wenig darum. Nach und nach aber ging es mit seiner Geduld doch zu Ende. Er schlug nach seinem Herrn und Meister und riss einfach aus! Der Gaukler strauchelte und kam, zum Glück unverletzt, zu Fall.

Der Bär aber rannte rasch seines Weges und stürzte in ein offenes Tor in der Bräuhausgasse hinein. Dort befand sich, platziert unter einem großen Kreuz, eine Wiege, in der ein Kind schlummerte. Die Eltern des Kindes, voll Angst um ihren kleinen Schatz, wollten schon mit Knüppeln auf den wolligen Meister Petz losgehen. Doch als sie sahen, wie der eben noch wütige Riesenteddy das kleine Wesen ringsum liebevoll zu beschnüffeln begann, blieben sie erstaunt stehen. Und siehe da – der Braunbär leckte dem Kleinen sogar seine speckigen Fäuste! Da waren die Eltern aber erleichtert! Betend sanken sie vor dem Kreuz auf die Knie und lobten den Herren!

Fortan aber nannte man das Haus »Zum braunen Bären«. Das »Bärenkreuz« selbst indes wurde in der Familie durch die Jahrhunderte hinweg hoch verehrt. Im Jahre 1855 schließlich schenkte ein Erbe das besondere Kreuz der Lazaristenkirche.

Adresse Lazaristenkirche, Kaiserstraße 5, 1070 Wien | ÖPNV Straßenbahn 5, Haltestelle Kaiserstraße | Öffnungszeiten zu den Gottesdienstzeiten, www.lazaristenpfarre.at/Neu | Tipp Im »Runch! Comics & Toys« finden sich Bären der etwas anderen Art!

63 Die güldene Schlange

Von einer mutigen Fleischersfrau

Der Türkenkrieg, der im 17. Jahrhundert in Wien tobte, hatte verheerende Folgen. Viele Menschen, darunter auch ein Fleischer und seine Frau Mechthild, flohen. Das war vielleicht ein Aufruhr! Der Himmel dröhnte; laut hörte man das Donnern der Kanonen, während Verwundete schrien. Zusammen mit einem polnischen und deutschen Entsatzheer unter der Führung des polnischen Königs Johann III. Sobieski jedoch schafften es die Soldaten Wiens schließlich, das Türkenheer in die Flucht zu schlagen.

Der Tumult, der daraufhin ausbrach, hatte zur Konsequenz, dass es nun endlich vielen Gefangenen gelang, nach Hause zurückzukehren. Und auch unsere Mechthild beschloss, die sicheren Mauern, hinter denen sie Schutz gesucht hatte, zu verlassen. Auf ihrem Heimweg aber begegnete sie einem Bataillon von Soldaten, und einer unter ihnen schenkte ihr einen Beutel aus Leder! Erstaunt betrachtete Mechthild das Ding. Es sah ein wenig aus wie eine Schlange, und die Fleischersfrau wusste nicht recht, was sie damit anfangen sollte.

Zurück in der Vorstadt Sankt Ulrich erschrak Mechthild: Fast völlig zerstört war ihr Hof! Alles lag in Schutt und Asche! Aber siehe: Da stand auf einmal ihr Mann unversehrt vor ihr! Die beiden umarmten einander und herzten sich innig. Schließlich zeigte die Frau ihrem Liebsten auch den Lederbeutel. Dieser wusste sofort Bescheid: »Das ist eine Geldkatze!«, erklärte er. »Darin bewahrt man in der Türkei gern sein Hab und Gut auf!« Die Frau hatte gar nicht daran gedacht, in den Beutel hineinzublicken. Sie öffnete ihn – und er war tatsächlich bis zum Rand voll mit Geld! Jetzt war es der Familie möglich, neu zu beginnen: Sie errichteten ein Haus, in dem sie eine Gastwirtschaft eröffneten. Über dem Haustor ließ der Fleischer zum Dank eine Tafel montieren mit folgender Inschrift: »Dieses Haus steht in Gottes Hand, zur güldenen Schlange ist es genannt.«

Adresse anstelle des Hauses »Zur güldenen Schlange« steht heute eine Schule, Burggasse 16, 1070 Wien | ÖPNV U6, Haltestelle Burggasse – Stadthalle | Tipp Auch die Hauptbücherei Wien befindet sich in der Burggasse.

64_Der Nachtteufel
Ungemütliches Intermezzo

Man sagt, der Teufel suchte einst immer wieder dieselben Gegenden Wiens und dort ganz bestimmte Häuser auf. Besonders gern hatte er ein Eckhaus der früheren Feldgasse, die in die Mariahilfer Straße weiterführte. Ob das der Grund ist, dass dort ein besonderes Marienbild angebracht wurde? Jedenfalls flüsterte man sich über die Entstehung des Gemäldes immer wieder Folgendes zu:

In der Feldgasse lebte eine besonders mutige junge Frau, die Tochter eines Fiakers. Eines Tages wollte sie herausfinden, wie der Teufel denn wohl aussah. So beschloss sie, wach zu bleiben, und wartete mit klopfendem Herzen auf dessen Wagen. Und kurz vor Mitternacht fuhr dieser auch schon mit lautem Klappern ein! Da öffnete das Mädchen rasch das Fenster. Aber in dem Moment schlug Luzifer schallend zu – und sie fiel ins Leere.

Am nächsten Morgen fand man ihren toten Leib auf der Straße. Auf ihrer Wange hatte der Teufel ein schwarzes Mal hinterlassen. Nun galt es aber zu handeln! Sofort brachte man Gitterstäbe vor dem Fenster an und ließ ein Mariengemälde errichten. Und stellt euch vor: Seit der Zeit hat man den König der Hölle hier nicht mehr gesehen!

Ähnlichen Ursprungs ist angeblich das Bild, das man am Haus »Zur Kohlkreunze« betrachten kann. Auch da war ein Bewohner wohl allzu neugierig gewesen und hatte sich aus dem Fenster gelehnt. Aber siehe, da blähte sich sein Gesicht auf, schwoll an wie ein Luftballon, und dem Mann war es nicht möglich, den Kopf wieder zurückzuziehen! Verzweifelt versprach dieser, ein Christusbild zu errichten, wenn nur sein Schädel wieder zusammenschrumpfen würde! Und, was glaubt ihr, wurde dieser neugierige Mann gerettet?

Die Mariahilfer Straße jedenfalls gilt heute als die größte und bekannteste Einkaufsstraße von Wien. Ob es Teufelswerk oder Zufall sein mag, dass der Kapitalismus hier bis heute wütet?

Adresse Haus »Zur Kohlkreunze«, Spittelberggasse 9, 1070 Wien | ÖPNV Bus 49, Halte-stelle Stiftgasse | Tipp Unweit in der Florianigasse befindet sich das größte Glücksschwein-museum ganz Österreichs.

65 Zum nassen Hadern

Begossene Pudel der besonderen Art

Eine mutige Frau mag es gewesen sein, die damals in Schotten-feld, in einem Teil des späteren 7. Bezirkes in Wien, arbeitete. In einem Gasthof in der Zieglergasse verdiente diese Magd, genannt Bertha, damals ihr Geld. Sie zeichnete sich durch besondere Red-lichkeit und Ehrlichkeit aus, aber leider konnte sie auch sehr un-gehalten werden.

Nun begab es sich, dass unsere Magd wieder einmal den Boden wusch. Da öffnete sich die Türe, und drei Soldaten traten ein. Aber siehe, wie die sich aufführten! Die Magd traute ihren Augen kaum! Mit hurtigen Schritten gingen die Männer einher und beschmutz-ten einfach so die eben noch blanken Dielen! Da begann die ehrliche Bertha zu toben und zu fluchen. Barsch baute sie sich vor den Solda-ten auf und befahl, sie sollten sofort das Wirtshaus verlassen. Diese jedoch lachten nur und trieben daraufhin noch lieber ihre Scherze mit ihr. Ja, jetzt begannen sie erst recht herumzutrampeln, denn die Erregung der Bertha stachelte sie an. Da nahm die temperamentvolle Magd ihren Lappen aus dem Eimer, und schwupps – schon schwapp-te eine riesige Menge an verdrecktem Wasser über die eben noch so wackeren Kerle! Wie begossene Pudel suchten die drei Männer natürlich sofort das Weite! Mit raschen Schritten eilten sie davon, keuchten und hopsten und boten einen gar jämmerlichen Anblick, wie sie so die Flucht ergriffen! Da musste der Wirt aber laut lachen! Schließlich stimmte Bertha mit ein – und setzte dann brav ihre Ar-beit fort.

Einige Tage später, als die Magd wieder die Holzdielen wusch, da bat der Wirt sie, kurz innezuhalten. Gemeinsam schritt man vor die Haustüre, und siehe! Der Wirt hatte doch tatsächlich eine neue Namenstafel draußen angebracht! »Zum Nassen Hadern« stand in großen Lettern darauf geschrieben, wobei »hadern« so viel wie »strei-ten« bedeutet. Heute befindet sich an dieser Stelle das Gasthaus »Zur Stadt Krems«.

Adresse heute: Gasthaus »Zur Stadt Krems«, Zieglergasse 37, 1070 Wien | ÖPNV
Bus 49, Haltestelle Zieglergasse | Öffnungszeiten Mo–Fr 11–23.30 Uhr | Tipp Die
Wiener Schnitzel im Gasthaus sind besonders groß und herzhaft geraten. In der Zieglergasse befindet sich außerdem auch das Literaturhaus Wien.

66 Der Ährenchristus

Der besondere Palmzweig

Bis heute kann man in der Dreifaltigkeitskirche der Minoriten in Wien ein großes Kreuz finden, das als Ährenkruzifix bekannt ist. Zu Füßen des Heilands befand sich ein Palmzweig, den man lange Zeit für eine Ähre gehalten hat. Dieser Verwechslung verdankt das Kreuz seinen Namen.

Schenkt man den Berichten Glauben, so wurde dieser »falsche« Ährenchristus zur Zeit der Reformation bereits hochverehrt, dann aber von einem Pfarrer in Siebenbürgen vergraben, um das wertvolle Werk zu schützen. Unterm Volke munkelte man jedenfalls lange, dass da, wo das Kruzifix in der Erde ruhte, eine ungewöhnlich große Ähre gewachsen sei. Gott sei Dank! Sonst hätte man den Ährenchristus wohl nie wiederentdeckt! 1708 soll er nach Wien gelangt sein, zusammen mit dem Palmzweig.

Aber damit nicht genug: Noch einmal griff die Natur in die Geschichte dieses Kreuzes ein, indem sie wie von Geisterhand einen magischen Bienenschwarm schickte, der den Ort, an dem das Kruzifix aufgestellt werden sollte, bestimmte!

Wahrheit oder Mythos? Viele Jahrhunderte jedenfalls erfreute sich der Ährenchristus großer Beliebtheit. Man verteilte sogar kleine Schleier unterm gemeinen Volk, die das Kruzifix berührt hatten. Dieser Brauch bestand noch bis in die Zeit Josephs II. hinein. Fortan verwendeten vor allem viele Frauen die Schleier als Glücksbringer, wenn es darum ging, Kinder zu gebären oder Kranke zu heilen. Es heißt, das Kreuz sei am Hauptaltar der damaligen Trinitarierkirche angebracht worden, und es entstand eine Wallfahrt hierher.

Der Orden der Trinitarier wurde jedoch 1783 durch Joseph II. aufgehoben und Kloster und Kirche 1784 den Minoriten übergeben, die das Kreuz übernahmen. Neben dem Ährenkreuz erinnern noch weitere Gegenstände an die Trinitarier, und bis heute enthält die unter dem Gotteshaus angebrachte Gruft zahlreiche Gräber von Mitgliedern des Ordens.

Adresse Minoritenkloster, Alser Straße 17, 1080 Wien | ÖPNV U 6, Haltestelle Alser Straße | Öffnungszeiten Mo – So 7 – 12 Uhr | Tipp Für alle Büchernarren, die gute Torten lieben, empfiehlt sich das Kaffeehaus »voxlibris« gegenüber der U-Bahn-Station.

67 Die Heuschreckenplage

Es regnet Insekten

In alten Zeiten geschah es oft, dass Wien von riesigen Heuschreckenschwärmen heimgesucht wurde, die großen Schaden an den landwirtschaftlichen Kulturen verursachten. In jenen Tagen lebte in der späteren Josefstadt ein adeliger Gutsherr. Er war kein einfacher Zeitgenosse. Bei seinen vielen Dienern, Knechten und Mägden war er als böser Herrscher verschrien, denn sie mussten auf seinen Gütern hart arbeiten; nicht nur scherten sie die Schafe, molken die Ziegen, striegelten die Pferde und schrubbten die Holzdielen, nein, sie bestritten auch die gesamte Arbeit am Felde!

Eines Tages ereignete es sich, dass sich die Diener draußen auf den Feldern bei der Ernte befanden. Doch da sahen sie einen riesengroßen, sirrenden Schwarm, der sich genau auf sie zubewegte! Die Heuschrecken! Klug und lebenserfahren, wie die Knechte waren, begriffen sie rasch, dass sie den Kampf gegen diese unliebsamen Tiere nicht gewinnen konnten. Sofort ergriffen sie die Flucht. Kaum aber waren sie zurück auf dem Hof bei ihrem Herrn angekommen, da verlangte der eine Erklärung, warum sie ihre Arbeit niedergelegt hatten. Als sie nun von der Heuschreckenplage berichteten, wurde der Gutsherr überaus wütend über ihre Flucht. In seiner Rage stieg er auf sein Pferd und ritt zu den Feldern. Aber was musste er da sehen? Tausende von kleinen Tierchen saßen an den Halmen und fraßen nach und nach das gesamte Feld leer! Das Ausmaß der Verheerung zu sehen, machte aber den Gutsherrn nur noch rasender, und so gab er seinem Pferd die Sporen und ritt mitten in den Schwarm hinein …

Einige Tage später fand man auf dem verwüsteten Acker einen riesigen Berg toter Insekten. Aber siehe da, was lag auch noch auf dem kahl gefressenen Feld? Der tote Fürst und sein armes Pferd!

Heute hat man in der Josefstadt von Heuschrecken lange nichts mehr gehört, und zum Glück gibt es auch keine zornigen Gutsherren mehr.

Adresse Josefstädter Straße 20, 1080 Wien, hier soll der Gutsherr gehaust haben | **ÖPNV** U 6, Haltestelle Josefstädter Straße | **Tipp** Der Hammerlingpark ist keine zehn Fußminuten entfernt. Wer traditionelle Wiener Kaffeehäuser liebt, sollte das Café Hummel in der Josefstädter Straße 66 aufsuchen!

68 Maria Treu

Wenn Kunst vor Krankheit schützt

Im Jahre 1713 wütete zum letzten Mal die Pest in Wien. In diesen dunklen Zeiten gab es einen jungen Maler in der Josefstadt, genannt Josef Herz. Zugegeben, sein Talent war nicht besonders groß, aber er zeichnete sich durch ein reines Herz aus. Nun geschah es, dass eines Tages auch er von der schlimmen Seuche befallen wurde.

Doch damit nicht genug, sogar seine geliebte Frau erkrankte! Da wusste der Maler nicht ein noch aus. Schließlich aber hatte er die Idee, ein Gemälde anzufertigen und es Gott zu schenken. In dem Moment fiel ihm auch das Marienbild bei St. Pantaleon in Rom ein, das ihm besonders gefiel, und er beschloss, es zu kopieren. Demütigst würde er vorgehen und eine zweite Fassung dieses Werkes herstellen, sorgsam, ja, wenn er seine Sache gut machte, mochte vielleicht die Stadt von der Pest befreit werden! So sprach er fromm.

In derselben Nacht noch, als der Maler seine Arbeit begann, starb seine Ehefrau. Josef Herz aber wurde wieder gesund. Freilich hielt er, was er versprochen hatte, und setzte alsbald sein neues Werk fort. Und siehe da: Das Bildnis glückte besser als alle seine anderen Arbeiten! Kaum war die Mariendarstellung vollendet, opferte Josef Herz sein Werk der Josefstädter Kapelle. Das Bild erfreute sich schon in Bälde so großer Beliebtheit, dass es schließlich ab dem Jahre 1719 am Hochaltar der neu erbauten Piaristenkirche »Maria Treu« angebracht wurde.

Dort kann man es noch heute bestaunen. Das Gotteshaus ist eine barocke, römisch-katholische Pfarrkirche. Ihren Namen verdankt sie tatsächlich dem Josefstädter »Maria Treu«-Bild, das anlässlich der Pestepidemie 1713 von Josef Herz gemalt wurde. Die Kirche wurde von 1698 bis 1719 als Ordenskirche der Piaristen erbaut. Man nimmt an, der Bauherr sei Lukas von Hildebrandt gewesen, einer der einflussreichsten Architekten des Barock.

Adresse Maria-Treu-Kapelle, Piaristengasse 43, 1080 Wien | ÖPNV U 6, Haltestelle
Josefstädter Straße | Tipp Auch das Maria-Treu-Café-Restaurant hat eine wunderbare
Atmosphäre!

69 Die Wunder der Alchimie
Von alchimistischen Wundern

Auch in Wien gab es angeblich einmal Meister, denen die Kunst der Alchimie nicht fremd war. Zum Beispiel den Josef Straßer. Dieser, sagt man, mag zur Zeit der Kaiserin Maria Theresia in der Rofranogasse in der Josefstadt gelebt haben. Nach und nach gelang es ihm, der hauptsächlich als Schmied arbeitete, immer besser, besondere Kristalle und kostbare Steine aus dem Nichts herzustellen. »Ach, wüssten nur die reichen Leute, was für herrliche Schätze du herbeizauberst«, sagte da Frau Straßer immer wieder zu ihrem Mann.

Und eines Tages, da hatte eine der beiden Töchter die Idee, auf einen Ball am Neuen Markt zu gehen und den Schmuck den feinen Leuten zu präsentieren! Gesagt, getan. Kaum hatte die Familie den funkelnden Saal betreten, da ging auch ein Raunen der Bewunderung durch die Menge. Was für herrliche Edelsteine diese Fremden trugen! Dabei konnte man doch erkennen, dass sie simple Bürgersleute waren, oder? Schließlich ergriffen einige Neider das Wort. Man rief die Polizei – und Straßer wurde mitgenommen.

Während die drei Frauen, nun wieder zu Hause, um das Wohl ihres lieben Familienoberhauptes zitterten, geschah es, dass es an der Türe pochte und ein Mann den Laden betrat. Er sagte, er wolle gern den schönen grünen Stein erwerben, den er da in der Auslage gesehen habe. Traurig erklärte die Frau ihm, ihr Mann sei leider im Moment nicht hier. Aber ein paar Stunden später – was für eine Erleichterung! – kehrte der Vater wieder zurück. Er berichtete, er habe die Kaiserin selbst von seiner Kunst, Steine herzustellen, überzeugt.

Später verkaufte Straßer dem Fremden seinen funkelnden grünen Kristall. Von da an kam dieser oft vorbei. Schließlich bat er sogar um die Hand einer Tochter. Die war darüber glücklich, und ihre Eltern natürlich auch. Und siehe da, als das Ehepaar nach England zog, eroberten die alchimistischen Steine die weite Welt!

70 Das fliegende Haus

Wenn Wünschen Flügel wachsen

Es war um die Mitte des 16. Jahrhunderts, als der Ziegelschläger Johann Thury und seine Frau durch ein Rauschen und Brausen aufgeweckt wurden. Der Aisbach, der neben ihrem Haus verlief, war über seine Ufer getreten und hatte ihren Garten und ihre Felder überflutet! Da bereute Johann, hier, im Alsergrund, und nicht weiter oben am Kahlenberg zu wohnen! Doch kaum hatte er seinen Wunsch ausgesprochen, stand plötzlich ein verhunzelter Zwerg vor ihm. Er stellte sich höflich als Hausgeist vor, der den Bewohnern gern ihre Wünsche erfüllte, schnippte mit den Fingern … und schwupps, löste sich das Haus vom Boden und begann zu fliegen! Ja, bis zum Kahlenberg hin sauste es. Dort nahm es mit einem Ruck Platz.

Da hätte das Paar eigentlich glücklich sein sollen, doch bereits nach einigen Tagen fielen ihnen immer mehr Nachteile der neuen Wohnlage auf. Denn jetzt war Johanns Weg zu seiner Arbeit viel länger. Er sehnte sich danach, fortan in einer Waldregion zu wohnen, und flugs ließ der fleißige Hausgeist das Haus abermals schweben. Dieses Mal setzte er es ganz in der Nähe des kaiserlichen Schlosses Gatterburg ab. Aber – ojemine – die Wochen zogen einher, ohne dass auch nur einer der Schlossbewohner Johanns Ziegel kaufen wollte! Nach und nach keimte da in dem verzweifelten Ehepaar der Wunsch, vielleicht lieber im Zentrum der Stadt zu wohnen. So schnell konnten sie gar nicht schauen, da brachte der brave Hausgeist das Häuschen auch schon zum Kohlenmarkt. Aber was war das? Hier wurden sie morgens von einem entsetzlichen Knarren und Rasseln aus dem Schlaf gerissen! Wie laut die Stadt mit ihren Kutschern und Gauklern doch war! Sehnlichst wünschten sich die Eheleute nun nichts anderes, als wieder am ruhigen, plätschernden Aisbach zu leben! Und freilich war das Männlein sofort wieder zur Stelle und leistete Abhilfe. Nie wieder wünschten sich die beiden, anderswo zu leben als hier.

Adresse fliegendes Haus: Thurygasse 12, 1090 Wien | ÖPNV U 6, Haltestelle Währinger Straße | Tipp In der Währinger Straße kann man auch das legendäre Wiener Kaffeehaus »Café Stein« besuchen.

71 — Die Jungfrau am Fenster

Eine traurige Fensterguckerin

In Siechenals soll sich angeblich lange Zeit ein Haus mit dem Beinamen »Wo die Jungfrau zum Fenster hinaussieht« befunden haben. Der Name geht auf eine junge Frau zurück, die in diesem Haus einst gelebt haben soll und die ein schlimmes Schicksal ereilte.

Man schrieb das Jahr 1410. Die Pest brach über Wien herein und riss eine Fülle von Menschen in den Tod. Damals arbeitete im Spital zu Siechenals ein junger Krankenpfleger, den jeder gernhatte. Er war stets freundlich und redlich, weshalb ihm mancher Leidende gern ein Goldstück zusteckte. Doch auf einmal begann der Wärter, seine Arbeit zu vernachlässigen, denn er liebäugelte mit einer Jungfrau aus der Nachbarschaft. Diese schaute immer wieder aus ihrem Fenster über den Alserbach hinüber zu dem Krankenpfleger – und das gefiel den Siechenalsern ganz und gar nicht! Sie waren eifersüchtig, wenn die beiden jungen Menschen einander betrachteten. Und es wurmte sie, dass die Jungfrau immer mit diesem entzückten Blick hinaussah, der so voll Leben war, während sie selbst mit dem Tode kämpften.

Nun geschah es aber eines Tages, dass der junge Pfleger einfach nicht mehr auftauchte. Mit traurigen Augen stand die Jungfer Stunde um Stunde da und blickte sich um, doch ihr Warten schien vergebens: Der Liebste kam nicht! So verstrich einige Zeit, und schließlich – schwamm sein Leichnam an ihr auf dem Alserbach vorbei! Da fuhr die Jungfer, als habe der Blitz sie erwischt, in die Höhe, sprang aus dem Fenster und warf sich in die Fluten.

Später entdeckte man angeblich, dass der Pfleger den Besitz vieler Verstorbener aus dem Spital in einem Kasten versteckt gehalten hatte. Sofort hegten die Bewohner des Spitals den Verdacht, der Tote habe seine Patienten auf dem Gewissen. Ob sie recht hatten?

Die dahingegangene Geliebte des Pflegers jedenfalls wütet angeblich heute noch als Geist im Wellengrab und wartet auf den Augenblick ihrer Erlösung.

Adresse Thurygasse 1, 1090 Wien | ÖPNV U 6, Haltestelle Währinger Straße | **Tipp** An der Thurygasse liegt auch der Lichtentalerpark, von dem aus man das Lichtentaler Pfarrmuseum erreicht.

72__Das Kreuz im Wasser
Magisches auf der Roßauer Lände

Oft befuhren Schiffe aus aller Welt die Donau, und das besonders in der Region der Roßauer Lände. Hier herrschte im 15. Jahrhundert immer wieder großer Trubel, denn der Ort war unter Geschäftsleuten und fahrenden Gesellen als Handelsplatz sehr beliebt.

Eines Tages entdeckte man ein riesiges Kreuz, das aus den Fluten herausragte, ohne von der Strömung davongetragen zu werden. Edelsteine, Blattgold und weiße Perlen zierten seine Oberfläche, der Prunk des Kreuzes war so üppig, wie man ihn eigentlich bloß aus dem Morgenlande kannte. Rasch verbreitete sich die Geschichte des Kreuzes, und in Scharen kamen die Schaulustigen herbei, um das Wunder zu sehen. Der Stadtrat entschied, es möge ein starker Bootsmann seinen Kahn in die Donau hinauslenken und das wundersame Kruzifix an sich nehmen. Aber was war das? Als der Bootsmann versuchte, das Kreuz aus dem Strom zu ziehen, da schien es, als sei es fest im Boden verankert! Man mühte sich, stöhnte und ächzte – vergebens!

Da erschien ein redlicher Klosterbruder, der dem Orden der Minoriten angehörte. Er besah sich die Bemühungen der Bootsmänner und erklärte schließlich, es auch einmal probieren zu wollen. Bei dem Kreuz angekommen, griff nun dieser besondere Mönch nach seinem Gürtel und legte ihn sanft um den Rumpf des Kreuzes. Und auf einmal ließ sich das Kruzifix ohne Widerstand aus den Fluten lösen! Da trug man das Wunderkreuz unter schallendem Trompetenklang zum Stephansdom. Am folgenden Morgen jedoch, noch vor der sonntäglichen Messe, da war es nicht mehr da! Das war vielleicht eine Aufregung unterm Volk! Nach und nach begann man zu munkeln, jemand habe das Kruzifix in der Minoritenkirche gesehen. Tatsächlich! Plötzlich hing es dort über dem Hochaltar. Warum wohl, was meinen Sie?

Leider wurde das magische Ding im Jahre 1945 zerstört. Die Roßauer Lände allerdings existiert bis heute.

Adresse Roßauer Lände, 1090 Wien | **ÖPNV** U 4, Haltestelle Roßauer Lände | **Tipp** Der Friedhof in der Seegasse ist ganztags zu besichtigen.

73 Ein sprechender Fisch
Von Gräbern und Meerestieren

Ein namenloser Grabstein, der noch heute in der Seegasse auf dem alten jüdischen Friedhof steht, wurde immer wieder in unterschiedlichen Sagen erwähnt. Sie alle beziehen sich auf den großen Fisch, der den Stein krönt. Unter anderem munkelte man im Volk, dass hier gar kein Mensch, sondern ein Fisch begraben liege! Das Tier soll, als man es tötete, das jüdische Glaubensbekenntnis zitiert haben: »Schma Jisrael« (hebräisch für »Höre Israel«). Wahrscheinlicher ist wohl die Theorie, dass der Fisch Teil eines Brunnens war, an dem man sich beim Verlassen des Friedhofs rituell reinigte.

Der jüdische Friedhof in der Seegasse gilt als einer der ältesten Friedhöfe Wiens. Er besitzt eine Grundfläche von rund 2.000 Quadratmetern und steht unter Denkmalschutz. Alle Grabsteine besitzen hebräische Inschriften. Ab 1540 sollen hier Begräbnisse stattgefunden haben, anderen Quellen zufolge bereits ab dem 15. Jahrhundert. Das älteste erhaltene Grab stammt aus dem Jahr 1582. Das jüngste Grab datiert auf das Jahr 1783, damals wurde der Friedhof stillgelegt. Viele Jahre blieb er mehr oder weniger sich selbst überlassen.

Doch 1943 haben Gläubige zahlreiche Grabsteine entfernt und sie vor den Nationalsozialisten auf dem Wiener Zentralfriedhof unter einem Erdhügel versteckt. Erst in den 80er Jahren entdeckte man sie dort und brachte 280 der einstmals 931 Grabsteine zwischen 1981 und 1984 wieder zurück auf den jüdischen Friedhof in der Seegasse. 2013 wurden mehrere Grabmonumente saniert. Bei den Arbeiten entdeckte man weitere Grabsteine, die rund einen Meter tief im Boden des Friedhofs begraben lagen. So stehen heute wieder 350 Grabsteine auf dem Areal.

Um den Gottesacker herum wurde in neuerer Zeit ein Pensionistenheim errichtet, früher befand sich an seiner statt das jüdische Siechenhaus.

Adresse Jüdischer Friedhof, Seegasse 9, 1090 Wien; Zugang über das Pensionistenheim | ÖPNV U 4, Haltestelle Roßauer Lände | Öffnungszeiten Mo – So 8 – 15 Uhr | Tipp Im Theater-Center-Forum in der Parallelstraße gibt es immer wieder spannende Shows.

74__Von Booten und Schlitten

Volksbelustigung mit Überraschungen

Dass Boote und Schlitten einander nicht unähnlich sind, wussten schon die früheren Bewohner der Roßauer Lände. So kam es in dieser Region im 18. Jahrhundert zu einer Schlittenfahrt der etwas anderen Art. Dazu muss man wissen, dass die Donau in jenen Tagen noch zugefroren war. Doch auch im Winter war es nur selten möglich, auf dem Wasser spazieren zu gehen und ein Pferd oder sogar Kutschen darüberzuschicken!

Eines Tages jedoch war die Donau wieder von einer dicken Eisschicht bedeckt. Da beschlossen die Fischer der Roßau, dieses so außergewöhnliche Ereignis mit einem besonderen Fest zu feiern – und ein wenig Schabernack zu treiben. So hatte man die Idee, eine Schlittenfahrt der prunkvollsten Art zu inszenieren: Ein großes Kellhammerschiff wurde mit vielen bunten Fahnen verziert. Dann ging man daran, das Schiff auf Kufen zu setzen, sodass es möglich war, es zu ziehen. Vier besonders starke Hochenauer Pferde wurden nun vor diesen »Schlitten« gespannt, und schwupps, ging es los! So zogen die Tiere das besondere Gefährt aus der Vorstadt heraus und setzten ihren Weg über das Eis hinweg in die Leopoldstadt fort. Die Schiffer an Bord des Kellhammerschiffes genossen diese Inszenierung sehr. Sie taten so, als befänden sie sich auf hoher See, sangen ihre Seemannslieder, brüllten ihre Befehle und verhielten sich auch sonst alles in allem wie wackere Kapitäne! Doch damit nicht genug: Man hatte sogar einen kleinen Herd an Deck angebracht, auf dem sie eine Mahlzeit zubereiteten! Und als man so über die Freyung bis hin zum Hohen Markt zog, da begann man zu speisen, trinken und singen, ja, es war alles in allem ein rechtes »Windfeiern« – ein Brauch der damaligen Seeleute, wenn das Schiff bei Windstille nicht weiterfuhr. Auch das »Publikum« sollte seinen Spaß haben, und so ertönte lautes Geschrei, als die Weingläser von Mund zu Mund gereicht wurden!

Adresse Donaukanalstraße, 1090 Wien | ÖPNV Straßenbahn 5, Haltestelle Friedens-
brücke | Tipp Wer sich gern sportlich betätigt, kann im FITINN in der Donaukanalstraße
einkehren.

75 Der hungrige Lindwurm

Vom Laaer Drachen

Gegen Ende des Jahres 1848 ging unterm gemeinen Volk in Favoriten die Sage, man habe im Laaerwäldchen ein grässliches Ungeheuer gesehen. Es verwüstete die Felder der Bauern und fraß die Speisekammern der Leute leer. Am liebsten verspeiste es aber Menschen! Das letzte Opfer dieses Monsters, das man fortan den »Lindwurm« nannte, sei, so munkelte man, der Milchmaier gewesen. Ja, diesen soll der unheimliche Drache erst in Stücke gerissen und dann gefressen haben! Noch jahrelang zeigte man den Bewohnern in Favoriten als Warnung die Schuhe des Opfers, die das Einzige waren, was der Lindwurm verschmäht hatte!

Eine andere Version der Sage berichtet, eine Handvoll mutiger Männer habe es gewagt, in den Wald zu gehen, um das Monster zu bekämpfen. Doch was sie dort entdeckten, war kein Lindwurm. Stattdessen hatte sich eine Bande von Räubern an den Essensvorräten der Leute im Ort bedient und sie hierhergebracht!

Das Wort Lindwurm selbst stammt aus dem Althochdeutschen und ist die Bezeichnung für ein gefährliches Fabeltier. Rein äußerlich ähnelt der Lindwurm einem Drachen, er hat einen schlangenartigen Körper mit langem Schwanz, kurze Beine und ist von Schuppen bedeckt. Bis heute ist der Lindwurm das Wahrzeichen der österreichischen Stadt Klagenfurt am Wörthersee.

Den Namen »Laaer Wald« trägt heute noch eine Straße im 10. Wiener Gemeindebezirk Favoriten, die 1990 nach dem gleichnamigen Wäldchen benannt wurde. Ein Großteil des Laaerbergs war früher waldfrei und beherbergte Trockenrasen und Feuchtstandorte nebeneinander, was zu einem außergewöhnlichen Artenreichtum führte. Wen wundert es da, dass Drachen sich heimelig fühlten?

Inzwischen schlängeln sich eine Menge schöner, schattiger und magisch wirkender Wanderwege durch den Laaer Wald. Es empfiehlt sich also, das Areal zu entdecken, auch wenn man vielleicht nicht gleich einem Lindwurm begegnet.

Adresse Lindwurm im Böhmischen Prater am Laaer Berg, 1100 Wien | ÖPNV U1, Haltestelle Altes Landgut | Tipp Besuchen Sie im Sommer das Laaerbergbad!

76 — Die Spinnerin am Kreuz

Liebesbeweis am Wienerberg

Auf dem Rücken des Wienerberges am Südrand der Stadt befindet sich ein steinernes Denkmal, das sehr alt ist. Bei diesem handelt es sich um eine aufs Kunstvollste gestaltete gotische Kreuzsäule. Im Volksmund nennt man sie auch oft »Die Spinnerin am Kreuz«.

Nun ist es bereits lange her, da stand an derselben Stelle bloß ein schlichtes Kreuz aus Holz, das schon recht vermodert aussah. Damals begab es sich, dass nahe dieses alten Kruzifixes ein Mütterchen hauste. Dieses war sehr fromm, und so saß es jeden Tag am Fuße des Kreuzes und verrichtete sein Gebet. Ja, dermaßen religiös war diese Frau, dass es ihr im Herzen wehtat, wie alt und morsch dieses Kreuz schon aussah. Sie befürchtete fast, eines Tages würde es in sich zusammenfallen! Und da überlegte sie sich, wie es ihr gelänge, ein neues Kruzifix zu errichten. Von nun an saß sie täglich unter dem Kreuz, um ihr Garn zu spinnen und zu verkaufen, und bat die Passanten um ein Almosen für die Instandsetzung des Kreuzes.

So ging die alte Frau wacker ans Werk und verbrachte Stunde um Stunde mit ihrer Arbeit. Was sie dabei an Geld einnahm, rührte sie kaum an, sondern sie lebte stets ärmlich und bescheiden. Mit der Zeit kannte man sie unter den Pilgern, ja, sie war sogar überaus beliebt! Und schließlich gab man ihr den Namen »die Spinnerin am Kreuz«. Das Ersparte der alten Dame begann sich Jahr für Jahr zu vermehren, und in demselben Maß wuchs auch das neue Denkmal. Wie glücklich war die Alte, zu sehen, wie das Steinkreuz immer größer und prächtiger wurde!

Selig betrachtete sie die Ornamente und Schnörkel, und als es fertig gebaut war, da ließ sie das Spinnen sein und konzentrierte sich lieber aufs Beten. So saß sie tagelang am Fuße des Kreuzes und entschlummerte schließlich an Ort und Stelle! Ihr zum Gedächtnis jedoch nannte man das Denkmal von nun an »Die Spinnerin am Kreuz«.

Adresse Säule »Die Spinnerin am Kreuz«, Triester Straße 56, 1100 Wien | **ÖPNV** Straßenbahn 1, Haltestelle Windtenstraße | **Tipp** Der Wasserturm mit seinem ihn umgebenden Spielplatz befindet sich im Park gegenüber der Spinnerin am Kreuz.

77 — Die Löwenbraut
Von tierlieben Töchtern

Was war es für eine große Freude, als die Familie des Kaisers Maximilian II. den Geburtstag ihrer kleinen Prinzessin feierte! Ja, das »Schloss Neugebäude« bei Wien-Schwechat schien förmlich zu leuchten an diesem Festtage. Plötzlich aber – was für ein Schreck! – lief ein majestätischer Löwe in den Räumlichkeiten des Schlosses umher! Er war aus der Menagerie entkommen. Den Gästen wurde angst und bang! Aber zur Verwunderung der feinen Gesellschaft gelang es der kleinen Bertha, der Tochter eines Dieners, das Tier zu besänftigen und aus dem Saal hinauszuführen wie ein Kätzchen. Zur Belohnung für ihre mutige Tat schenkte der Kaiser den Löwen der kleinen Bertha und nannte sie »Löwenbraut«.

So zogen die Jahre ins Land. Bertha wurde erwachsen und verbrachte ihre Zeit gern im Tiergarten bei ihrem Löwen. Das hübsche Mädchen hatte aber auch die Aufmerksamkeit eines jungen Hauptmannes erregt. Sie gefiel ihm ganz besonders, und so kam es, dass er um ihre Hand anhielt. Am Tage ihrer Hochzeit ging Bertha ein letztes Mal zu ihrem geliebten felligen Kameraden, bevor sie die Gegend für immer verlassen würde. Mit wehem Herzen betrat sie den Käfig, ging zu ihren Löwen, der ganz traurig aussah, und begann, ihn zärtlich zu kraulen. Doch alles Kuscheln und Streicheln half nichts – der Löwe blieb mit hängendem Kopf sitzen, als ahnte er, dass dies der letzte Besuch seiner geliebten Bertha sein würde. In dem Moment sah er den Bräutigam vor dem Käfig stehen, und ein ungekannter Zorn überkam das Tier. Und siehe – kurz darauf traf Bertha ein Schlag des Löwen, der sie zu Boden warf. Ihr Bräutigam schrie und wollte ihr zu Hilfe eilen, doch es war zu spät. Das strahlend weiße Brautkleid wurde rot vom Blut der jungen Frau – die Löwenbraut lag tot am Boden. Der Hauptmann, wahnsinnig vor Trauer, schnitt dem Löwen die Kehle durch.

Den Schauplatz der Sage kann man noch heute besichtigen.

Adresse Schloss Neugebäude, Otmar-Brix-Gasse 1, 1110 Wien | **ÖPNV** Bus 73A, Halte-stelle Hörtnergasse | **Öffnungszeiten** auf Anfrage | **Tipp** Lustwandeln Sie bei sommerlichen Temperaturen im malerischen Schlossgarten!

78 Das Schieferlkreuz

Wo Ritter verschwinden

In Wien-Meidling befindet sich ein besonderer Bildstock: Auf einem gemauerten, sechseckigen Ziegelpfeiler kann man einen Aufsatz sehen, der an einen Pavillon erinnert. In einer Nische steht die Figur einer hölzernen Madonna mit Kind. Dieser Bildstock, genannt »das Schieferlkreuz«, wird von einem vergoldeten Schmiedeeisenkreuz bekrönt und befindet sich bis heute in der Breitenfurter Straße / Ecke Wienerbergbrücke.

Der Ursprung dieses Bildstocks ist bis heute unbekannt. Es heißt jedoch, dass man im Mittelalter an genau demselben Ort einen weiß gekleideten Ritter in grausamster Weise eingesperrt habe. Wahrheit oder Mythos? Der Ritter soll jedenfalls der Grund sein, aus dem man dieses direkt an der Wienerbergbrücke stehende Kreuz auch heute noch als »Weißes Kreuz« bezeichnet. Nach wie vor ist sich der 12. Wiener Gemeindebezirk, der südwestlich des Stadtzentrums liegt, dieser besonderen Sehenswürdigkeit bewusst. Immer wieder sieht man Touristen beim Schieferlkreuz vorbeigehen und es inspizieren. Ob sie wohl nach dem toten Ritter suchen?

Den Namen »Schieferlkreuz« jedenfalls erhielt der kleine, aber ansehnliche Bildstock durch seinen Mäzen, den Meidlinger Fleischhauer Josef Schieferl, der zwischen 1786 und 1847 lebte. Dieser war für die Restaurierung des bereits existierenden Bildstocks aufgekommen.

In welchem Jahr genau das ursprüngliche Kreuz errichtet wurde, ist allerdings nicht bekannt. 1920 jedenfalls brachte man bei dem Kreuz eine Tafel an, aus der hervorgeht, dass Friedrich und Betty Fischer das Schieferlkreuz »zur Ehre Gottes und zur Erinnerung an die schwere Zeit« des Krieges renovieren ließen. Alles Weitere muss man wohl vor Ort selbst recherchieren, oder? Man sollte jedoch definitiv aufpassen, dass man dabei keinem untoten Ritter begegnet!

Adresse Schieferlkreuz, Wienerbergbrücke, 1120 Wien | **ÖPNV** Straßenbahn 62, Halte-stelle Wienerbergbrücke | **Tipp** Die Pizzeria Chaplin ist ein heißer Tipp!

79___Der Wassergeist

Wassermann oder Schmutzfink?

In der Nähe des Meidlinger Bahnhofs gab es früher, als die Gegend noch nicht vollständig bebaut war, einen halb verfallenen Ziegelschlag. Schenkt man der Sage Glauben, dann trocknete dort das Wasser nie aus, egal wie heiß sich die Sommer auch entpuppten, denn hier lebte angeblich ein altes Wesen: ein Wassergeist.

Dieser wusste jedoch auf eine gemeine Art und Weise, sich vor dem Volk zu schützen. Wer sich ihm und seiner Behausung zu weit näherte, den packte er und zog ihn unter Wasser. Man sagt, dort unten soll er die Seelen seiner Opfer sorgfältig in kleine Töpfe geschichtet und in seiner Behausung aufbewahrt haben. Außerdem wühlte der Wassermann an den Flusswegen, die man sonst wunderbar sehen konnte, ganz gern Schlamm auf. Das hatte zur Folge, dass auch die wackersten Schwimmer ihre Orientierung verloren und übermütige Kinder ausrutschten und ins Wasser fielen. Auch des Nachts, wenn sich der Mond im Wasser spiegelte, hat man den Wassermann gesehen. Denn angeblich liebte es der Dämon, in hellen Nächten am Ufer zu wandeln.

Einerseits fürchteten die Menschen sich zwar vor ihm, andererseits jedoch war der Wassermann ein unglaublich wichtiger Botschafter – vor allem, wenn es um Phänomene in der Natur ging, aber auch, wenn jemand sterben sollte, wusste er immer als Erster Bescheid!

Für die Bewohner der Gegend hegte er, so menschenscheu er auch war, doch eine gewisse Sympathie. Ja, wenn man ihn in Ruhe ließ, dann war er sogar ein wichtiger Helfer und Berichterstatter: Manchmal saß er schauerlich heulend auf einem Stein, dann wusste man, dass in der Umgebung jemand verstorben war. Hin und wieder schickte er auch starke Winde als Zeichen, dass jemand ertrinken würde. Doch seit der Urbanisierung und dem Ausbau des Meidlinger Bahnhofs tauchte das Wassermännlein immer seltener in dieser Region auf, bis es schließlich endgültig verschwand.

ERGEIST von WILHELM

Adresse Sagenmotiv am Haus Eichenstraße 50, 1120 Wien | ÖPNV U 6, Haltestelle Meidling | Tipp Gegen Voranmeldung können Sie das Schnapsmuseum in der Wilhelmstraße besuchen und mehr über die Tradition des Destillerie-Handwerks erfahren.

80 Das Wassermännchen

Spuk an der Schönbrunner Brücke

In der Gegend, wo heute die Schönbrunner Brücke liegt, lebt angeblich ein Wassermännchen. Die Haare schimmern, schenkt man den Zeugenaussagen Glauben, grün im Mondlicht und sind immer nass. Das Männchen haust unterhalb der Oberfläche. Während des Tages ruht es dort, abends aber wird es vom Gebetsläuten aus dem Schlaf gerissen und macht sich auf, um am Ufer spazieren zu gehen.

Wenn es dann einem Sterblichen begegnet, holt es sofort seinen goldenen Kamm hervor und beginnt, sich die Haare zu richten. Diese sind so lang und dicht, dass sie das Männchen wie ein Schleier umhüllen. Ja, eine Art Vorhang sind sie und umgeben die durchsichtige Figur ganz! Sobald nun der Wassermann seine Haarpflege beendet hat, geht es dem Sterblichen, der sich ihm nähert, an Leib und Leben! Hier kann nur bestehen, wer schnell handelt und sofort die Flucht ergreift. Wenn er klug ist, springt er über die Wagengeleise, die in Richtung Stadt führen, denn hier endet der Herrschaftsbereich des Wassermännchens, und es vermag niemandem mehr zu schaden! Dann bleibt dem Geist der Fluten nichts anderes übrig, als wütend wieder unterzutauchen, dass es einen großen Klatscher macht.

Immer wieder geschah es, dass besonders draufgängerische Kerle, die sich etwas beweisen wollten, das Wassermännlein herausforderten. So auch der Kürschnermeister Fritz von Gaudenzdorf. Jeder im Bezirk wusste, dass er der beste Schwimmer weit und breit war. Aber er hatte das Wassermännchen unterschätzt und trieb es leider etwas zu bunt.

Eines Abends ging er nach dem Ave-Maria im Wienfluss schwimmen und gab ordentlich vor seinen Freunden an. Da wurde das Wassermännchen natürlich aufmerksam. Es griff nach dem Fuß des Kürschnermeisters, zog wild und kräftig daran, und schließlich ertrank der Mann. Seine Freunde aber liefen splitternackt davon und berichteten in der Stadt von der Geschichte.

81 Hütet euch!
Eine wundersame Rettung

Im Jahre 1529 wurde Wien von einem gewaltigen türkischen Heer, angeführt durch Sultan Soliman, attackiert. Wen wundert es da, dass es auch einem kleinen Dorf in Hietzing schlecht ging! Nun gab es in diesem aber eine alte Pfarrkirche, in der eine Marienstatue stand, der man magische Kräfte nachsagte. Diese musste freilich dringend vor dem herannahenden Feind geschützt werden! Gesagt, getan: Die Bewohner der Region versteckten, als sie das Heer der Türken kommen hörten, die besondere Gnadenstatue in einer Baumkrone. Hinter all dem üppigen Blattwerk, so dachten sie, würde das Abbild der Jungfrau bestimmt sicher sein!

Nachdem sie auch all ihr Hab und Gut schlau verborgen hatten und es sicher glaubten, ließen die Bürger ihre Siedlung hinter sich und errichteten im Dickicht ein geheimes Versteck. Gerade noch rechtzeitig! Denn siehe: Schon hatten die kriegerischen Türken Hietzing erreicht und durchsuchten die Siedlung. Wie wütend waren sie da, als sie sahen, dass alle Häuser leer standen! Aus Rache entfesselte das grausame Heer daraufhin einen verheerenden Brand und ritt danach weiter seines Weges.

Mehrere Tage verstrichen, bis man sich wieder getraute, in das Dorf zu gehen. Doch siehe: Sofort wurden die zwei besonders mutigen Burschen, die die Vorhut bildeten, von einem Spähtrupp der Türken entdeckt und in Ketten gelegt. Man fesselte sie zufällig gerade an den Baum, in dessen Blattwerk das Gnadenbild verborgen war. Aus lauter Furcht beteten die Burschen nun zu dem Gnadenbild und baten es dringlichst um Hilfe.

Und Maria erhörte sie tatsächlich: Ein lichter Glanz umgab die Heiligenstatue, begleitet von den Worten: »Hiat's eng« (»Hütet euch!«). In dem Moment waren die Gefangenen von ihren Ketten befreit und konnten fliehen!

Die Warnung der heiligen Gottesmutter »Hiat's eng« aber wurde zum Namen des Ortes: Hietzing.

Adresse Hietzinger Kirche, Am Platz, 1130 Wien | ÖPNV U 4, Haltestelle Hietzing |
Öffnungszeiten www.pfarre-maria-hietzing.at | Tipp Von Hietzing aus kann man den
Hintereingang des Schönbrunner Tiergartens betreten.

82 Speising
Eine kulinarische Namensgebung

Über die Entstehung des Namens Speising erzählte man sich in Wien und Umgebung lange folgende Sage: Um 1200 herum trug es sich zu, dass ein Herzog aus dem Geschlecht der Babenberger zum Jagen aufbrach. Dieser aber kam während seines Treibens vom Weg ab und fand nicht mehr nach Hause. Erst als die Sterne schon am Himmel funkelten, kam er bei sieben Holzknechtshütten an, die zwischen dem Dickicht erbaut waren. Doch wie herzenswarm war man da! Die Knechte, die hier lebten, hießen den Herzog mit Freuden willkommen und servierten ihm ein ganz und gar köstliches Gastmahl.

Am folgenden Morgen verließ der junge Herzog die Holzknechte wieder, jedoch nicht ohne sie so reichlich zu beschenken, dass sie in Erinnerung an diese große Wohltat ihre kleine Siedlung »Speising« (was so viel heißt wie »ich speise euch«, »ich nähre euch«) nannten.

Speising ist eine Wiener Kastralgemeinde, die heute zum 13. Bezirk gehört. In den Quellen aus alter Zeit wurde der Ort erstmals 1365 namentlich genannt, und zwar in einer Urkunde. Es heißt, dass der damalige Herzog, Rudolf IV., der Wiener Propstei in dieser Zeit zwei Regionen geschenkt habe: Speising und Lainz. Leider aber war dieses Gebiet recht ungeschützt und erlitt dergestalt unter der ersten Türkenbelagerung 1529 gröbere Schäden und Verwüstungen.

Im Jahre 1892 schließlich ging man dazu über, das Gebiet Speising in den 13. Bezirk einzugliedern, was eine rege Bautätigkeit zur Folge hatte. Nun wurden viele Gebäude errichtet und Grünflächen angelegt, die bis heute erhalten sind. Weiters finden sich hier einige Spitäler, wie in etwa die Rothschildstiftung Neurologisches Zentrum Wien oder auch das Orthopädische Spital Wien-Speising. Eine Besichtigung der Gegend lohnt sich für alle, die gern in der Natur spazieren gehen!

Adresse Spital Speising, Speisinger Straße, 1130 Wien | **ÖPNV** Straßenbahn 60, Halte-stelle Riedelgasse | **Tipp** Das Wok Sushi Speising in der Speisinger Straße bietet ein wenig Abwechslung zu Schnitzel, Sachertorte und Co.

83 __ Der Stock im Weg

Vom Niederringen schauerlicher Tiere

In Ober Sankt Veit, genau dort, wo sich heute der »Stock im Weg« befindet, lebte einst ein schauerliches Untier.

Eines schönen Tages hatte es der Lindwurm auf ein zartes Mädchen abgesehen, als es da so unversehrt auf der Wiese saß und Kränze flocht. So flog der Drache so nahe an das Kind heran, dass sein Schatten sich wie ein böser Schleier über das Umland legte. Und mit furchterregenden Krallen schnappte der Unhold das Mädchen und nahm es mit sich.

Da war die Mutter verzweifelt! Sie tobte und schrie und lief dem fliegenden Untier nach. Aber sie konnte den Drachen freilich nicht einholen. Dennoch gab die wackere Frau ihre Suche nicht auf und eilte weiter umher, bis die Dämmerung sich über die Wälder legte. Da bekam sie es mit der Angst zu tun, denn sie erkannte mit einem Mal, dass sie vom Weg abgekommen war. Ziellos wanderte die Verzweifelte weiter. Zum Glück aber sah sie nach einiger Zeit einen sanften Schein, der im Dickicht flimmerte. Gescheit wie sie war, ging sie diesem nach und erreichte schließlich eine Einsiedelei. Dort begegnete sie einem heiligen Mann namens Veit, der sich ihre Geschichte anhörte und sogleich versprach, ihr zu helfen. Er nahm sein Kreuz zur Hand und brach mit der Frau auf, um den Drachen zu finden. Das war nicht allzu schwierig, denn dieser stieß im Schlaf ein lautes Schnarchen aus. Zusammen mit der Frau schlich Sankt Veit also in die große Drachenhöhle. Dort pendelte er dreimal mit seinem Kruzifix über dem Haupt des Monsters hin und her, und siehe – sofort stieß der Drache ein klägliches Schnauben aus und verstarb.

Da traute sich die Tochter, die in der Ecke der Höhle gekauert hatte, aufzustehen, und rannte auf ihre geliebte Mutter zu, die sie sofort erleichtert umarmte. Die Sage über das Wunder des heiligen Sankt Veit aber verbreitete sich rasch unterm Volk, und schon bald pilgerte manch Reisender in seine Einsiedelei.

+ + + + + + + + + + + + + + + +

A ls man schrieb 1115 Jahr
Allhier ein größer Stock im Wege war,
Deß war ein hohler Lindenbaum, hoch wie
ein Turm,
Der barg in feinem Bauch einen gift'gen
Lindenwurm,
Der reckt die Zung' aus sieben Köpfen raus,

Adresse Tafel vor dem Gasthaus Lindwurm, Ghelengasse 44, 1130 Wien | ÖPNV Bus 54A, Haltestelle Ghelengasse | Öffnungszeiten Mo, Di, Mi, Do, Sa und So 9.30 – 23 Uhr | Tipp Wer ein anderes österreichisches Bundesland sehen möchte, der muss nur durch den Lainzer Tiergarten Richtung Westautobahn wandern – dort befindet sich Niederösterreich!

ie Kuh, die Frau und das Gesind.

84 Bellendorfer

Über Kaiser und Hunde

»Bellendorfer«, so nennt man die Bewohner, die in der Nähe des heutigen Otto-Wagner-Spitals hausen, ganz gern mit Spitznamen. Damit sind die Baumgartner nicht allein, nein, denn so manche Region Wiens sowie deren Bewohner haben ihre eigenen liebevollen Bezeichnungen. Manche sind sogar viele hundert Jahre alt. Als Initialzündung für diese Namensgebungen dienen oft besondere Ereignisse. So auch im Falle der Bellendorfer, von denen man sich folgende Sage erzählt:

Früher einmal – es ist jetzt mehr als 200 Jahre her – fuhr Kaiser Joseph II. mit der Postkutsche umher. Er war gerade auf dem Weg zu einer Jagdpartie und würde vor Mitternacht ganz bestimmt nicht ins Bett kommen! Allein die Vorstellung machte den Kaiser müde! So fielen ihm stets von Neuem die Augen zu, und er fiel immer wieder in kurzen Schlummer.

Schließlich fuhr die Kutsche durch ein kleines Dorf. Da ertönte plötzlich lautes Gebell, und eine große riesige Meute an Hunden lief auf den Wagen zu, sodass dieser stehen bleiben musste. Mit einem Ruck wurde Joseph da aus seinem erholsamen Schlaf gerissen! Sofort wollte er vom Kutscher wissen: »Um Himmels willen, wie heißt denn dieses Dorf hier?« – »Das«, entgegnete der Diener, »ist Baumgarten. Wir sind also fast am Ziel. Es dauert nicht mehr lange, dann haben wir Hütteldorf erreicht.« Damit war der Kaiser zufrieden und gab sich gleich wieder seinem seligen Schlummer hin.

Bereits ein paar Tage später trat man auch die Rückreise an. Immer noch – oder schon wieder – war Kaiser Joseph von großer Müdigkeit geplagt, und erneut begann er, auf dem Weg zu dösen. Kaum aber hatte der Wagen Baumgarten erreicht, ertönte das lästige Gekläffe abermals, und Kaiser Joseph zuckte erneut zusammen! Dann aber fasste er sich. »Oh«, rief er aus, »wir sind wohl wieder in Bellendorf?«

So also erhielten die Baumgartner ihren Spitznamen »Bellendorfer« von einem Kaiser!

Adresse Baumgartner Höhe, 1140 Wien | **ÖPNV** Bus 48A, Haltestelle Otto-Wagner-Spital | **Tipp** Hier befindet sich eine der berühmtesten Psychiatrien Österreichs, die auch Wittgensteins Neffen Paul – nach dem Thomas Bernhards Roman benannt ist – beherbergte.

85 Die Glutmühle

Fluch und Heilkräuter in Hütteldorf

Mit dem Namen »Glutmühle« oder auch »Hexenmühle« betitelte man einst eine besondere Mühle in Penzing, die besonders zur Zeit des Herzogs Rudolf immer wieder Thema unterm Volk war. Dass darin eine gemeine Hexe hauste, munkelte man. Angeblich blieb auch ein frommer junger Pfarrer nicht von der Magie dieser Frau verschont – und schloss sich ihr in ihrem finsteren Treiben an. Er suchte den Herzog Rudolf auf und zeigte ihm seine Hexenkünste, die er bei der Frau erlernt hatte, und verlangte eine große Summe als Entlohnung für sein Können. Rudolf aber, fromm wie er war, ließ sich auf diese Spielereien gar nicht ein. Sofort wurden der junge Priester und seine Lehrerin ins Verlies geworfen. Doch damit nicht genug: Der Herzog wollte sie außerdem in Säcke stopfen und diese in der Donau versenken!

Die Hexe in ihrer Verzweiflung und Todesangst brach vor dem hohen Herrn nieder und bettelte, er möge ihr vergeben. Mit zitternder Stimme versprach sie dem Herzog ein ruhmreiches Leben, wenn er sie nur freiließe. Doch der kannte keine Gnade mit der Hexe. Bereits einige Tage später ertränkte man sie in der Donau. Ihr Schüler sah, dass es für ihn keine Hoffnung gab, und hatte nur noch einen Wunsch: man möge ihm die Letzte Ölung erteilen. Doch nicht einmal diesen letzten Wunsch wollte der Herzog ihm gestatten. Wie tobte da der junge Mann. Seine letzten Worte waren ein böser Fluch, den er gegen Rudolf ausstieß!

Herzog Rudolf jedoch konnte sich fortan nicht mehr seines Lebens freuen. Darum schrieb er rasch sein Testament. Und das war auch gut so, denn schon kurz danach starb er!

Zufall oder Fluch? Die sogenannte »Glutmühle« jedenfalls stand früher in der Utendorfgasse 27. Bis vor kurzer Zeit beherbergte sie die »Privatklinik Wien-West«. Auch wenn es die Mühle nicht mehr gibt, in dem schönen angrenzenden Park kann man dem früheren Verlauf des Mühlbachs nachspüren.

Adresse Utendorfgasse 27, 1140 Wien | ÖPNV Bus 49A, Haltestelle Samptwandnergasse | Tipp Der Ferdinand-Wolf-Park befindet sich in unmittelbarer Nähe und lädt zum Spaziergang ein.

86_Linzer Augen, Linzer Straßen

Eine süße Erfolgsgeschichte

Wie die Linzer Augen nach Wien kamen, wollen Sie wissen? Nun, das haben wir dem Linzer Bäcker Mathias Bauernfeld zu verdanken! Dieser verlegte laut Berichten zu Beginn des 17. Jahrhunderts seinen Lebensmittelschwerpunkt nach Wien. Mathias erwarb ein wenig Grund und baute dort ein Haus und eine Bäckerstube.

Kaum war seine neue Bäckerei eröffnet und die ersten »Linzer Augen« gebacken, da betrat ein sehr seltsamer Mann das Geschäft. »Wenn du möchtest, dann verhelfe ich dir und deinen Waren zu großem Ruhm. Was meinst du?«, fragte der Fremde. Doch dieses Angebot knüpfte er sogleich an eine Bedingung: Sollte Mathias auch nur eine Heilige Sonntagsmesse versäumen, würden er und sein Sohn es büßen. Mit einem Mal ahnte der verdutzte Bäckersmann, wen er da vor sich hatte – den Teufel! Weil er aber schon recht gern erfolgreich sein wollte, ließ er sich auf das Geschäft ein.

Und brav wie er war, besuchte Mathias von nun an jeden Sonntag gemeinsam mit seinem Sohn die Kommunion. Danach jedoch kehrten sie regelmäßig im »Gasthaus zur Postkutsche« ein, um gemeinsam etwas zu trinken und Karten zu spielen. Das ging auch meistens gut – bis auf einmal. Da nämlich gingen die beiden noch vor der Messe ins Beisl, und Matthias kippte eine dermaßen große Menge an Bier herunter, dass er danach nur noch wanken konnte! Verzweifelt versuchte sein Sohn, ihn aus dem Wirtshaus und in Richtung Kirche zu hieven. Aber leider, es war bereits zu spät! Den beiden Männern gelang es nicht mehr, hineinzukommen, sosehr sie sich auch bemühten und immer wieder gegen das Tor pochten! Und siehe, da tauchte auch schon der fremde Herr von damals vor ihnen auf und nahm die beiden Bäckersleute mit – natürlich geradewegs in die Hölle! In wehmütiger Erinnerung an die herrlichen »Linzer Augen« gaben die Bewohner der Straße der alten Poststraße daraufhin den Namen »Linzer Straße«.

Adresse Baumgartner Pfarrkirche, Linzer Straße 259, 1140 Wien | ÖPNV Bus 47A, Haltestelle Gruschaplatz | Öffnungszeiten Mo–Fr 10–18 Uhr, Sa und So 10–17 Uhr | Tipp In der Penzinger Gasthofbräuerei in der Penzinger Straße gibt es die leckersten Linzer Augen weit und breit!

87 Die Maria im Brunnen

Von Bildern in Brunnen und von Heilungen

Immer wieder haben die Wiener bestimmte Regionen gern mit Spitznamen versehen. So war es auch bei Mariabrunn. Angeblich hat es mit der Entstehung dieses Beinamens folgende Bewandtnis: Als ihr geliebter Ehemann verstorben war, sah sich Königin Gisela von Ungarn genötigt, ihren Wohnsitz zu wechseln. So kam sie 1042 an den Babenberger Hof und hoffte, es würden bessere Zeiten folgen. Leider aber war dem nicht so, denn bald schon suchte ein verheerendes Fieber die arme Königin heim. Sofort ließ man die allerbesten Doktoren Österreichs rufen, doch vergebens: Keinem gelang es, die Leidende zu kurieren!

Nun begab es sich, dass die Königin trotz ihrer Krankheit das Bedürfnis verspürte, durch die Wälder in Hadersdorf zu wandeln. Doch unterwegs wurde sie mit einem Mal sehr durstig, und so befahl sie ihrer Anhängerschaft, man möge einen Brunnen finden. Da bemühten sich die Diener aber sehr! Mit wachen Augen streiften sie durch das Gestrüpp des Waldes, und endlich entdeckte man, versteckt zwischen Efeu und Sträuchern, eine sprudelnde Quelle. Sofort hastete Gisela ihrem Gefolge nach, sah hinab in den Schacht des Brunnens – und stockte! Denn da schimmerte ihr doch wahrhaftig eine Marienstatue vom Boden her entgegen! Das muss ein Zeichen sein!, dachte Gisela und trank darum gierig viel von dem Wasser.

Und tatsächlich: Sofort fiel alles Leiden ab von ihr! Und ohne zu zögern, hieß Gisela von Ungarn ihre Gefolgschaft, die Statue aus dem Brunnen zu holen! Man erbaute vor Ort eine Kapelle für die wundertätige Darstellung der Gottesmutter, der die Region ihren Namen zu verdanken hat. Seit dieser Zeit heißt die Gegend also Mariabrunn.

1636 entstand hier auf Befehl Kaisers Ferdinand II. ein Kloster, und ab 1784 wurde die Kirche zur Pfarre erhoben. Die Marienstatue findet man noch heute in der Pfarrkirche Mariabrunn.

Adresse Pfarrkirche Mariabrunn, Hauptstraße 9 | ÖPNV Bus 50A, Haltestelle Maria-
brunn Kirche | Öffnungszeiten Mo–So 8–20 Uhr | Tipp In der Hauptstraße 48 befindet
sich das Gasthaus Mariabrunn.

88 Ein mutiges Geschwisterpaar

Bloß eine Legende des Großvaters?

Früher wurde Wien oft von Hochwasser heimgesucht. Die Bewohner der Region jedoch wussten sich zu helfen und errichteten an mehreren Stellen Befestigungs- und Stauanlagen. An einem dieser Wehre wohnte einst ein Mann namens Johann Steinbach. Hin und wieder kamen auch seine Enkelkinder Susanne und Josef vorbei und tummelten sich dann gern freudig spielend am Fluss. Der Müller mahnte sie zwar immer, gut achtzugeben und sich vor dem Wassermann zu hüten, doch die Geschwister gaben nicht viel auf seine Märchen.

Eines Tages gingen sie gemeinsam mit einer kleinen Ziege am Ufer des Flusses spazieren. Plötzlich aber begann es zu tönen. Susanne blickte sich um … und da sah sie das Wassermännlein, das auf einem Felsen stand! Gebannt ging sie auf das fremdartige Wesen zu. Und schwupps – da sprang das Männchen auch schon auf und kam auf Susanne zu, um sie mit sich in sein nasses Reich zu nehmen.

Zum Glück hörte Josef die Hilferufe seiner Schwester. Rasch drehte er sich um und lief, ihr zu helfen. Doch er stolperte dabei versehentlich über die kleine Ziege. Diese sank in die Knie und kullerte ins Wasser. Der Junge wollte ihr nach, Susanne jedoch rief: »Nicht, Josef, bleib stehen! Der Wassermann ist da!« Da hielt sich der wackere Bursche an einem Baum fest, der am Ufer stand, streckte seine Hand aus und zog Susanne aus den Fluten. Die Ziege aber wurde von dem Wassermännlein mit sich gerissen.

Nun waren die Kinder natürlich ordentlich geschockt! Mit bleichen Gesichtern eilten sie zu ihrem Großvater zurück und berichteten von dem Ereignis. »Was bin ich froh, dass nichts Schlimmeres passiert ist. Es wäre ja leicht möglich gewesen, das Wassermännlein hätte einen von euch beiden in sein Reich mitgenommen. Oder?«, sagte dieser. Die Kinder fielen ihm nickend um den Hals und gelobten, fortan besser achtzugeben.

Adresse Wienfluss, Penzing, 1140 Wien | ÖPNV Bus 50A, Haltestelle Wolf in der Au |
Tipp Man hüte sich davor, in dieser Region über den Wassermann zu scherzen! Wer sich
für Maler und deren Villen interessiert, sollte sich die Fuchs-Villa des berühmten Künstlers
in der Hüttelbergstraße 26 ansehen!

89 Die Penzinger Lichtsäule

Flammender Schutz im Krieg

Im Jahre 1683 kam es zur zweiten Türkenbelagerung, und viele Wiener mussten fliehen. Darunter auch der Penzinger Schneider Johann Zagerl und seine Familie. Man brach also auf, und der Sohn Sepperl bekam den Auftrag, ganz besonders auf die Ziege, die hinter ihnen herschritt, zu achten.

Sosehr die Eltern Angst vor den Türken hatten, so neugierig war indes der kleine Sepperl. Er fragte sich, wie so ein rechter Türke wohl aussehen mochte, und ließ seinen Blick immer wieder umherschweifen, in der Hoffnung, einen zu Gesicht zu bekommen. Dabei wurde er ein wenig nachlässig, und siehe, da fiel ihm auf, dass die Eltern nicht mehr vor ihm ritten! Sie waren wie vom Erdboden verschluckt!

Verzweifelt wusste Sepperl nicht, in welche Richtung er sich wenden sollte. Er musste einen Ausguck finden, von dem aus er einen besseren Überblick hatte. Den besten Rundumblick hatte man sicher vom Kirchturm der Penzinger Pfarrkirche aus, überlegte er, und suchte diesen rasch auf. Kaum aber hatte er den Turm erklommen, da ertönte ein lautes Traben und Klirren. Und siehe, ein riesiges Bataillon aus Muselmanen näherte sich der Stadt! Sepperl schauderte. Und mit einem Mal standen ganze Häuser in Flammen! Da suchte der Sepperl verzweifelt ein Versteck. Nach einiger Zeit kam er an der alten Lichtsäule vorbei. Dort hatten die Friedhofsbesucher früher brennende Kerzen aufgestellt. Sepperl wusste, dass die Säule eine Öffnung hatte, denn hier hatte er sich früher gern versteckt. Das war seine Rettung! Rasch kroch er in die kleine Höhle. Den ganzen Tag und auch die Nacht verharrte er reglos. Erst am nächsten Tag wagte er es, hinauszuschauen. Kaum aber war er wieder im Freien, da traf er glücklicherweise auf den Schuster Georg. Dieser nahm den Geretteten sofort mit sich und zurück zu seinen Eltern.

Die Penzinger Lichtsäule findet man vor der Penzinger Kirche.

Adresse vor der katholischen Kirche Penzing, Einwanggasse 30A, 1140 Wien | ÖPNV U 4,
Haltestelle Hietzing | Tipp In der Penzinger Straße befindet sich das Wiener Ziegelmuseum.

90___Der tapfere Pfarrer

Wackere Heldentaten am Wienfluss

Auch am 14. Wiener Gemeindebezirk ging die Heuschreckenplage nicht spurlos vorüber. Mit einem Flirren und Surren näherte sich der Heuschreckenschwarm im Jahre 1749 der Umgebung Penzings, das damals noch ein kleines Dorf war.

Was für ein Schauer durchlief da die Bewohner! Der ganze Himmel ward mit einem Mal verdunkelt. Doch damit nicht genug: Keinen Halm ließen diese gefräßigen Tiere, die da zur Zeit der Kaiserin Maria Theresia kamen, übrig! Schon bald waren alle Felder öd und leer!

Da beschloss der Penzinger Pfarrer zu handeln. Er pilgerte über den Wienfluss und suchte die Kaiserin auf. Der erklärte er, er wolle gegen die bösen Insekten in den Kampf ziehen, und bat um ihre Hilfe. Sofort war die Kaiserin einverstanden, den Geistlichen zu unterstützen. So stellte sie eine Reitertruppe zur Verfügung, die ihm bei seinem Zug helfen sollte. Das war vielleicht ein Spektakel! Unter lauten Fanfaren ritt nun der mutige Pfarrer in Richtung Wienfluss, man trommelte und tönte und versuchte, durch laute Klänge gegen die Heuschrecken vorzugehen. Außerdem wurde auch noch geschossen.

Und siehe, nach einiger Zeit hatte diese Aktion ihren Effekt nicht verfehlt! Das kleine Heer hatte die bösen Tiere in die Flucht geschlagen! Wie erleichtert ritt man da zurück in die Stadt! Alle waren guter Dinge; allein der Pfarrer konnte sich kaum fassen: Was für ein anstrengender Siegeszug!, dachte er erschöpft und trank ganz rasch ein paar Gläser Wein, woraufhin er in seligen Schlummer fiel.

Doch am nächsten Tag schon erwachte unser großer Held mit starken Schmerzen! Eine Lungenentzündung hatte den Mann Gottes erwischt! Zwar bemühte sich der Doktor redlich um ihn, aber es war schrecklich: Der fromme Mann, der Wien gerettet hatte, er selbst konnte nicht gerettet werden! Seine Überreste aber ruhen bis heute auf dem Penzinger Friedhof.

Adresse Penzinger Friedhof, 1140 Wien | ÖPNV Bus 51A, Haltestelle Ameisgasse | Öffnungs-
zeiten Mai–Aug. 7–19 Uhr, Nov.–Feb. 8–17 Uhr, sonst 8–18 Uhr | Tipp Wer sich gern in
diesem Bezirk aufhält, dem kann man das Novum Hotel Kavalier nur empfehlen!

91 Das Königskraut

Die Elfen san in Ottakring daham

Der sogenannte »Gemeindewald« des 16. Wiener Bezirkes ist ein Teil des malerischen Wienerwalds. Unterm Volk erzählte man sich oft, dass sich in den kleinen Senken und Vertiefungen des Geländes, wenn es regnete oder der Tau auf den Gräsern glitzerte, Elfen und Kobolde trafen. Ob sie dafür verantwortlich sind, dass hier noch heute ganz besondere, seltene Pflanzen und Kräuter wachsen?

Auf jeden Fall blüht hier jeden Winter die schwarze Nieswurz. Obschon sie giftig ist, gilt sie in niedriger Dosierung als eine der wirksamsten Heilpflanzen. Kehrt der Frühling ein, so kann man beobachten, wie eine Fülle an Bärlauch aus dem Boden schießt. Wen wundert es da, dass immer wieder auch Kräuterweiblein durch den Wald streiften? So auch die Hauptdarstellerin unserer Geschichte. Eines Tages aber, da ging sie weinend zwischen den Bäumen umher, bückte sich, suchte nach Kraut, pflückte alle möglichen Pflanzen und verstaute sie in ihrem Deckelkorb. Fleißig arbeitete die Frau, doch ihre Tränen konnte sie nicht verbergen. Diese Verzweiflung tat einer der Elfen dermaßen im Herzen weh, dass sie sich schließlich zeigte. Und siehe, da berichtete die Frau, ihre Enkeltochter liege im Sterben, und einzig das sogenannte »Königskraut« könne sie heilen. Sofort rief die Elfe ihre Freundinnen her, und man überlegte, wie man der Armen helfen könnte. Und mit einem Mal kam der Elfenkönigin die Lösung in den Sinn: Man würde einfach die Kobolde, die in der nächstgelegenen Siedlung lebten, um Hilfe bitten! Diese erwiesen sich auch gleich als kooperativ und pflückten das Königskraut.

Kurz darauf bereits trank das Mädchen einen Tee mit besagtem magischen Kraut. Und schwupps, war es geheilt! Ob es jedoch heute noch irgendjemandem gelingen wird, so ein Kräutlein zu finden? Im Ottakringer Wald spazieren zu gehen ist aber auf jeden Fall kein Fehler, selbst wenn man nicht gleich magischen Wesen und heilkräftigen Pflanzen begegnet.

Adresse Moosgraben, Johann-Staud-Straße, 1160 Wien | ÖPNV Bus 46B, Haltestelle Feuerwache am Steinhof | Tipp Es lohnt sich, die Steinbruchwiese im Ottakringer Wald zu besuchen!

92 — Der Schottenhof-Brunnen
Feenzauber und Prunk

Früher einmal ist der heutige 16. Bezirk eine nur rar besiedelte Region mit einem kleinen Zentrum gewesen. Dann wurde der Freihof errichtet und später in ein Kloster umgewandelt. Wie malerisch war doch diese Gegend! Schon bald florierten Viehwirtschaft und Ackerbau, und so ging man dazu über, Lieferungen in die umliegende Umgebung zu bestellen. Doch damit nicht genug, auch das Wasser, das man da schöpfte, erfreute sich großer Beliebtheit. Über eine der zahlreichen Quellen im Wienerwald erzählte man sich sogar, dass da ganz besondere Wesen hausten: Ja, angeblich tummelten sich Zwerge, Feen, Elfen und Nymphen in dieser Region!

Nun begab es sich, dass die Tochter eines frommen Milchbauern dieser Umgebung erkrankte. Er rief alle Ärzte der Umgebung zu sich – vergebens! Keiner konnte dem Mädchen helfen! Der arme Bauer war verzweifelt, denn durch die Behandlungen für seine Tochter war auch sein Geld knapp geworden. Und da beschloss er, nachts Wasser von der Quelle im Wienerwald zu schöpfen und dieses mit der Milch, die er verkaufte, zu vermengen. Das würde seinen Gewinn ein wenig steigern. So begab er sich, als es dunkelte, zum Bach. Aber oje, den anwesenden Kobolden gefiel das gar nicht! Wütend rissen sie die Böden der Eimer auf, und all das Wasser und die Milch entströmten ins Nichts! Da sank der Mann weinend nieder. Das aber hörten die Elfen, die dort hausten, und sanft wie sie waren, fühlten sie mit dem armen Mann. Berührt von der Trauer des armen Bauern hörten sie sich seine Geschichte an und überlegten, was zu tun sei. Schließlich gaben sie dem Milchbauern unter gemeinsamem Beschluss etwas wundertätiges Wasser mit. Der lief sofort nach Hause. Und siehe da, als sein schwerkrankes Kind wenig später den Becher leerte, da geschah ein kleines Wunder: Das Mädchen war sofort wieder gesund!

Den Brunnen gibt es leider nicht mehr, der einstige Schottenhof ist an einer Wand dargestellt.

Adresse Degengasse gegenüber Haus 70, 1160 Wien | ÖPNV Straßenbahn 2, Haltestelle Sandleitengasse | Tipp Im Schloss Wilhelminenberg in der Savoyenstraße 2 wird der beste Tafelspitz in ganz Wien serviert.

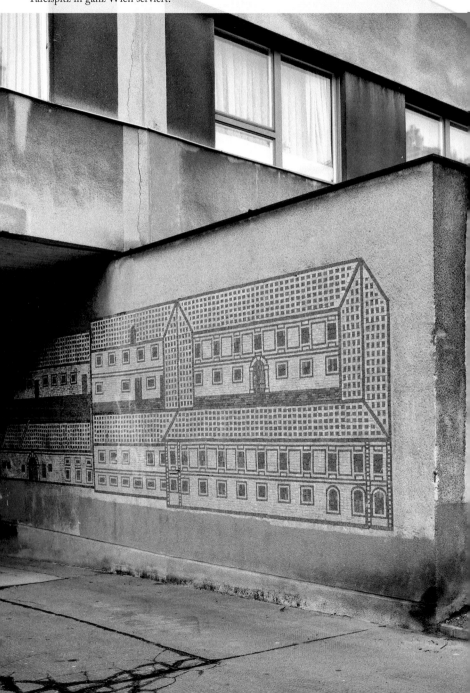

93 __ Ein spukender Schlossherr
Wenn Verrat sich rächt

Eines Mitternachts im Winter ertönte im 16. Bezirk ein grauenhafter Sturmwind. Er schwoll an und brauste immer stärker. Doch mit einem Mal riss der wolkige Himmel auf, und es wurde ganz hell. Jetzt fuhr doch tatsächlich ein Leichenzug über den Himmel! Aber nur die Leute, die besonders gute Augen hatten, erkannten, dass die Leiche des unheimlichen Zuges der Schlossherr von Ottakring war. Dieser sei, so raunten die Menschen einander zu, kurz zuvor auf ungeklärte Art und Weise wie vom Erdboden verschluckt gewesen! So plötzlich, wie sie aufgetaucht war, verschwand die unheimliche Erscheinung, und der Himmel ward wie zuvor.

Man wusste die Vorkommnisse dieser Nacht lange nicht zu deuten. Doch dann kam heraus, dass der Schlossherr 1457 die Festung Marienburg, die eigentlich zum Eigentum des Deutschen Ritterordens gehörte, einfach so den Polen überlassen hatte! – Gegen ein angemessenes Bestechungsgeld, versteht sich. Daraufhin hatte er sein Hab und Gut zusammengerafft, seinen schmutzigen Lohn genommen und war nach Wien gezogen. Zunächst schien alles wunderbar: Der Schlossherr ehelichte eine wohlhabende Dame und erfreute sich des Lebens.

Mit den Marienburgern aber hatte er nicht gerechnet! Sie waren ihm gefolgt und machten ihm nun sein neues Leben sauer. So ließen sie alle von seinen Taten wissen. Der Mann wurde fortan unterm Volk gemieden, und so zog er mit seiner Gattin in den Schottenhof nach Ottakring, wo er sich ein neues Leben einrichtete. Doch seine Existenz war dennoch traurig: Er mied Menschen, um nicht von der Bevölkerung entdeckt zu werden, nur die Messe besuchte er. Eines Tages jedoch wurde der Feldoberst trotz seiner Zurückgezogenheit erkannt – und ward danach nicht mehr gesehen. Wie sehr seine Frau ihn fortan auch suchte und suchte, ihre Nachforschungen blieben erfolglos. Wen wundert es da, dass der Leichenzug jener stürmischen Dezembernacht als Zeichen für seinen Tod gesehen wurde?

IMPERFECTA SITU MACIES CVM ...
POSCIS INEXPLICITVM QVOD ...
ON SPES LVCE AVIDAS NON ...
HORRIDA SI OFFVSVM RETRO ...
ANIA NATVRÆ NIHIL ARTIS A ...
MAGNI ERIS INGENII HÆC CV ...

Adresse Steinkartusche vom Schottenhof, Degengasse bei Haus 70, 1160 Wien | ÖPNV
Straßenbahn 2, Haltestelle Sandleitengasse | Tipp Das Gasthaus »Heuriger Herrgott
aus Sta« – das so viel meint wie »Heuriger Hergott aus Stein« – in der Speckbacher-
gasse 14 ist ein Muss für jeden, der traditionelle Küche liebt!

94_Böse Vorboten

Von singenden Irrlichtern in Wien

Noch bevor das Wüten der Pest Wien heimsuchte, kündigten einige Zeichen diese entsetzliche Krankheit bereits an. So berichteten die Besitzer der Weingärten in der Wiener Umgebung, sie hätten im Herbst, bevor die Seuche zu wüten begann, seltsame Wesen gesichtet. Flirrend und sirrend seien diese in Form von Lichtern in der Luft umhergeschwirrt und hätten einen seltsamen Schein verbreitet.

Die anderen meinten, sie hätten gesehen, wie der Himmel sich plötzlich auftun würde, während es überall rauschte und dröhnte. Außerdem gab es immer wieder schauerliche Berichte von Sterbenden. So erklärte einer, der von der Seuche befallen war, er sei eines Nachts durch die Stadt spaziert. Komischerweise jedoch schien der Mond so hell, dass er jedes Schild auf seinem Weg ohne Probleme habe lesen können. So sei er ein wenig umhergeschlendert und habe gar nicht bemerkt, dass er nach und nach sein Dorf hinter sich ließ. Kaum aber hatte er die Wiese vor der Stadt erreicht, da stockte er: Da ertönte doch ein Choral, oder? Zunächst verharrte der Mann reglos und lauschte. Hatte er sich denn getäuscht? Nein, da jubilierte und sang es doch von weit her! Und je näher der Mann dem Gesang kam, umso klarer wurde ihm, dass es sich nur um »Placebo Domino«, ein kirchliches Trauerlied, handeln konnte. Wen wundert es da, dass er auf seiner Suche nach der Musik an genau die Stelle kam, an der man später eine Grabkammer für die Opfer der Pest errichtete?

Ja, bald schon begrub man sehr viele Leichen an diesem Ort! So entstand schließlich der alte Hernalser Friedhof. Dieser lag bei der heutigen Kalvarienbergkirche, die dem Apostel Bartholomäus geweiht wurde. Es lohnt sich – auch wenn der Friedhof selbst nicht mehr existiert –, zumindest das barocke Gotteshaus an der Stelle zu besichtigen! Der heutige Friedhof am Leopold-Kunschak-Platz 7 wurde 1870/72 errichtet, besitzt aber ebenfalls eine besondere Stimmung.

Adresse Hernalser Friedhof, Leopold-Kunschak-Platz 7, 1170 Wien | ÖPNV S 45, Halte-stelle Hernals Bahnhof | Öffnungszeiten 3. Nov.–Feb. 8–17 Uhr, März und Okt.–2. Nov. 7–18 Uhr, April–Sept. 7–19 Uhr, Mai–Aug. Do 7–20 Uhr | Tipp Auch das Jörgerbad, eines der ältesten Bäder Wiens, befindet sich bei der Hernalser Hauptstraße.

95 Der Eselritt
Spaß in Hernals

Kaiser Leopold I. führte, um an den Sieg über die Türken zu erinnern, zwei wichtige Volksfeste ein: den »Eselritt« und den »Bäckeraufzug«. Die Peterskirche Hernals war bei beiden Umzügen eine der wichtigsten Stationen. Was den Eselritt betrifft, fand dieser alljährlich am Sonntag nach Bartholomäus (24. August) statt. Der Brauch sah folgendermaßen aus: Kaum hatte es zwölf Uhr Mittag geschlagen, da rottete sich eine Gruppe junger Männer im Gemeindehaus zusammen und begann, Kostüme anzulegen. Alle möglichen orientalischen Kleider und Masken hatte man herangebracht, denn es galt, sich als Türken zu verkleiden. Kaum war das erledigt, da spielte eine kleine Kapelle aus Posaunen und Trompeten einen Tusch, und der Beginn eines lustigen Umzugs wurde ausgerufen. Das war das Zeichen, das Tor des Gemeindehauses zu öffnen. Es ging auf und – o Wunder, eine ganze Kompanie an Muselmanen tanzte in Reih und Glied die Straße entlang!

Den Höhepunkt des Aufmarsches aber stellte ein wohlbeleibter Pascha dar. Sein Schmuck von Perlen, Gold und Rubinen funkelte meist im Sonnenschein, und den Kopf zierte ein hoher Turban. Wacker ritt der Pascha auf einem Esel einher, umringt von den neugierigen Bewohnern des Bezirkes, die lachten, jubelten und Beifall klatschten. Ihm folgten seine Untertanen, freilich auch auf Eseln, und zu guter Letzt kamen die einfachen Bürgersleute, die sich diesem Trubel anschlossen. Das war vielleicht ein Spektakel, wie man da in regem Treiben durch die Gassen schritt, um letzten Endes wieder zum Gemeindehaus zurückzukehren!

Dort wurde die Verkleidung wieder abgelegt, man teilte den Lohn und die Spenden des Volkes, die man gesammelt hatte, untereinander auf und lief dann rasch – wie könnte es anders sein! – in das nächstgelegene Beisl.

Diese Tradition hielt sich viele Jahre, erst Kaiser Joseph II. hat den Brauch als »groben Unfug« angesehen und ihn abgeschafft.

Adresse Katholische Kirche Hernals, Sankt-Bartholomäus-Platz 3, 1170 Wien | ÖPNV
Straßenbahn 9, Haltestelle Elterleinplatz | Öffnungszeiten Mo–So 8–17 Uhr | Tipp Zu
empfehlen ist das gegenüberliegende Café-Restaurant Kalvarienberg.

96 Glocken am Karfreitag
Nächtlicher Spuk bei Weinhütern

Eine Liebesgeschichte der gar zu eigenwilligen Art ereignete sich einst in Hernals. Dort hauste damals ein gar wundersames Mädchen, das sich Adelgunde nannte. Jeder war von ihrer Schönheit und ihrer vornehmen Art entzückt! So flüsterte man sich zu, diese sei gar nicht die Tochter des Weinhüters Christian Sündbock!

Gundl jedenfalls wurde mit jedem Jahr schöner, und wen wundert es, dass sich der junge Lehrer Peter Reimandl in sie verliebte! Unbedingt wollten die beiden jungen Leute den Bund fürs Leben schließen. Peter fand jedoch heraus, wer Gundls wahrer Vater war: der Graf Stolzenberg. Als er nun zum Pflegevater ging und ihn bat, Gundl zur Frau nehmen zu dürfen, konnte ihm Sündbock natürlich keine Antwort geben, ohne mit dem Grafen zu sprechen.

Als sich kurz darauf die beiden Verliebten wiedertrafen, fragte Peter, ob Gundl ihn auch heiraten würde, wenn sie eine Adelige wäre. Freilich stimmte sie zu: »Bevor ich dich verlasse, läuten die Glocken der Bartholomäuskirche am Karfreitag!«, meinte sie. Es dauerte jedoch nicht lang, da kam der Graf von Stolzenberg zu Adelgunde und gestand ihr, woher sie tatsächlich stammte. Er erklärte, er wolle sie mitnehmen und reich verheiraten. Da brach das Kind in Tränen aus und meinte, es könne seine Familie auf keinen Fall verlassen. »Da läuten noch eher die Glocken der Bartholomäuskirche am Karfreitag!«, schluchzte sie. Der Graf erklärte, seine Entscheidung sei gefallen und er würde nach Ostern wiederkommen und sie mitnehmen.

So näherte sich der Ostertag, und wie es der Brauch war, wurden die Glocken am Karfreitag nicht geläutet. Bis die Nacht hereinbrach – da vernahm man die Glocken laut und klar im ganzen Ort. Der verwirrte Priester stieg zur Turmstube hinauf und erblickte Adelgunde, ganz und gar in Weißes gehüllt, wie sie weinend die Glocke betätigte!

Am nächsten Morgen fand man sie tot im Dickicht.

Adresse Katholische Kirche Hernals, Sankt-Bartholomäus-Platz 3, 1170 Wien | ÖPNV Straßenbahn 9, Haltestelle Elterleinplatz | Öffnungszeiten Mo–So 8–17 Uhr | Tipp Für alle Sportsfreunde: Der Fußballverein Celtic Hernals hat seinen Sitz gleich gegenüber!

97 — Der Name Pötzleinsdorf
Vom Bärenzähmer

Auch was den Namen der Region Pötzleinsdorf betrifft, so haben Bären ihren Anteil (siehe Ort 54). Schenkt man den Sagen und Berichten Glauben, so hat ein besonders wackerer Ritter hier sogar einen Bären niedergerungen, und das allein mit seinen Händen! Angeblich wurde das Tier, das mit einem Mal ganz zahm war, daraufhin in die Burg übergeführt. Und dort hielt der starke Ritter den armen Meister Petz wie ein Haustier, ja, er dressierte ihn sogar, als wäre er ein Hund. Laut Berichten ist der Bär mit jedem Jahr menschenfreundlicher und zahmer geworden. Wen wundert es da, dass man den Ritter schon bald mit dem Beinamen »Petzler« betitelte. Denn Petz ist die Bezeichnung der Bären in Fabeln. Und als logische Konsequenz nannte man das Dorf, das der Ritter besaß, daraufhin »Petzlersdorf«, woraus »Pötzleinsdorf« geworden ist.

Dieses sogenannte »Bärendorf« wurde im Jahre 1112 erstmals schriftlich erwähnt. Wahrheit oder Mythos? Heute jedenfalls nimmt man an, dass Pötzleinsdorf als mitteldeutsch-fränkische Niederlassung von Stefan von Pötzleinsdorf gegründet worden sein muss. Besonders hatte die Ortschaft unter der zweiten Türkenbelagerung zu leiden: Im Jahre 1683 wurden große Teile des Bezirkes beim Kampf des Osmanischen Reichs um Wien in Schutt und Asche gelegt. Dennoch erholte sich Pötzleinsdorf von allen Verwüstungen und florierte weiterhin. Die heutige Bäckerei mit dem Namen »Zum Türkenloch« erzählt bis in die Gegenwart hinein von der Belagerung der Osmanen. Hier wurde eine große Grube im Boden entdeckt, die von dem Versuch zeugen könnte, die Stadtbefestigung zu untergraben. Außerdem kann man noch heute das Türkenkreuz am Ende der Schafberggasse bewundern. Der nahe Schafberg selbst ist eine 390 Meter hohe Erhebung. Er markiert die Grenze zwischen den Bezirken Hernals und Währing und bietet einen herrlichen Blick über ganz Wien.

Adresse Fassade des Hauses »Zum Türkenloch«, Pötzleinsdorfer Straße 89, 1180 Wien |
ÖPNV Bus 41A, Haltestelle Pötzleinsdorf | Öffnungszeiten Mo – Sa 6.15 – 18.30 Uhr |
Tipp Nicht nur die Linzer Augen sind hier von besonderer Qualität! Der Pötzleinsdorfer
Schlosspark bietet herrliche Grünflächen – es lohnt sich, ihn zu besuchen!

98 Das Schlössl
Spuk in Pötzleinsdorf

Nicht nur Regionen, auch Häusern gaben die Wiener immer wieder sehr gern Spitznamen. So gab man einem Gebäude in der Pötzleinsdorfer Straße Nummer 87, wo sich lange Zeit auch der Gasthof »Zum Türkenloch« befand, den Titel »Zum Schlössl«. Das »Schlössl« war im Volksmund viele Jahrzehnte als überaus unheimliches Haus bekannt. Angeblich spukte es darin, und man munkelte, ein Ritter habe in dessen Räumen seine Gattin erschlagen. Eine andere Version weiß zu erzählen, dass das eigenartige Gebäude einmal ein Kloster war.

Doch damit nicht genug: In den Kellern nämlich sollen angeblich heimlich Klosterschwestern gefangen gehalten worden sein, die dem Heiland untreu geworden waren. Hier unten ließ man sie an Ketten Buße tun. Wahrheit oder Mythos?

Pötzleinsdorf jedenfalls ist trotz allen Spuks bis heute ein Stadtteil Wiens im 18. Wiener Gemeindebezirk Währing geblieben. Den Grundstein für die Region legte laut Sage ein gewisser Meister, genannt Stefan von Pötzleinsdorf, jedoch ging es mit dessen Herrschaft bergab, als das 14. Jahrhundert ins Land zog – was dazu führte, dass besagter Stefan 1322 urkundlich nur mehr als »Bergmeister« erwähnt wurde. Inzwischen hatte auch die alte Burg eine Metamorphose erfahren und war zum Freihof geworden. Und – traurig, aber wahr – auch an dieser Region ging die Zweite Wiener Türkenbelagerung nicht spurlos vorüber. So wurde Pötzleinsdorf im Jahre 1683 stark beschädigt. Zum Glück jedoch erholte sich der Bezirk von den Bränden und Verwüstungen wieder. Doch die Wunden blieben: Die Bäckerei mit dem Namen »Zum Türkenloch« weist darauf hin, dass es in dem Gebäude nach der Zweiten Türkenbelagerung ein großes Loch gegeben haben soll. Vielleicht wurde dieses von den Türken ausgehoben, weil man einen unterirdischen Tunnel zu graben gedachte? Auf jeden Fall findet man bis heute das »Türkenkreuz« am Ende der Schafberggasse als Zeugen dieser Zeit.

Adresse »Türkenkreuz« im Pötzleinsdorfer Schlosspark bei Ausgang Buchleitengasse,
1180 Wien | ÖPNV Straßenbahn 41, Haltestelle Pötzleinsdorf | Öffnungszeiten Mo – Fr
8 – 18 Uhr, Sa und So 8 – 20 Uhr | Tipp Für alle, denen Wien nicht reichen sollte: Auch
diese Region grenzt an Niederösterreich.

99 Zum wilden Mann

Ein Gasthaus vom Teufel

Auch in Währing hat es einmal einen »Bärenmann« gegeben (siehe Ort 97). Laut Sage soll dieser ein Landsknecht aus Deutschland gewesen sein, der über viele Jahre hinweg in nichts als einen Pelz gehüllt in der Region sein Unwesen trieb. Doch er hatte Glück, und es gelang ihm, in eine reiche Bürgerfamilie einzuheiraten. Unglaublich, aber wahr! Und diese Tatsache mag auch die Bewohner der Hölle beeindruckt haben. Denn schon bald machte der Teufel den Kollegen zu einem erfolgreichen Mann. So gelangte dieser in den Besitz einer Schenke in der Währinger Straße, die später zu einem berühmten Gasthaus wurde. Doch damit nicht genug: Auch eine Apotheke bekam er geschenkt. Dieser gab man später, ihm zum Andenken, den Namen »Zum schwarzen Bären«. Was indes seine Schenke betrifft, so ließ der Landsknecht, der offenbar Sinn für Humor hatte, dort ein Schild mit der Aufschrift »Zum wilden Mann« anbringen. Von 11 Uhr bis 24 Uhr kann man dieses Wiener Beisl heute besuchen und sich an traditioneller Wiener Küche erfreuen.

Spannend ist auch die Tatsache, dass die Geschichte der Besitzer des Lokals sich bis in die Mitte des 18. Jahrhunderts zurückverfolgen lässt. Angeblich aber ist das Lokal sogar noch um einiges älter. So soll hier schon der ungarische König Matthias Corvinus übernachtet haben. Ab dem späten 18. Jahrhundert wurde das Beisl auch oft von Reisenden genutzt, die im Währingbachtal wandern wollten. Des Weiteren konnte man in der näheren Umgebung auch das Lokal »Zum Biersack« finden, in dem die Komponisten Beethoven und Schubert oft einkehrten.

Als die Gründerzeit hereinbrach, kam es zum langsamen Zerfall der für Währing so typischen dörflichen Atmosphäre. Doch auch diese Tage überstand der »Wilde Mann« ohne gröberen Schaden. Ja, im Jahre 1863 gründete sich dort sogar ein Geselligkeitsverein, der sich »Die Wilden von Wah-Ring« nannte.

Adresse Zum wilden Mann, Währinger Straße 85, 1180 Wien | ÖPNV U 6, Haltestelle Währinger Straße – Volksoper | Öffnungszeiten täglich 11 – 24 Uhr | Tipp Der Kutschkermarkt ist in der Nähe und bietet die besten Bio-Marmeladen von ganz Wien an.

100 Das Agnesbründl
Die wundervolle Wiese

Auch der 19. Bezirk beherbergt einen besonderen Brunnen, auf den er seit vielen Jahrhunderten stolz sein kann: das Agnesbründl! Diesem gibt man auch gern den Spitznamen »Jungfernbründl«. Er erfreut sich einer langen Besuchertradition, vor allem an den Feiertagen pilgerten viele Bewohner Wiens in die Region um den Brunnen herum. Das war vielleicht ein reges Treiben! Die Wiese war bespickt mit unterschiedlichsten Gestalten. Manche trieben alle möglichen Rituale, zündeten Kerzen an und scharten sich um die Quelle. Manch ein Pilger, den auf seiner Reise die Müdigkeit erfasste, nahm geweihte Kreide zur Hand und zog damit einen Kreisbogen auf dem Boden und legte sich darin nieder. Angeblich, so munkelte man, schütze diese Form von »Bannkreis« in der Nähe des Agnesbründls vor sämtlichen Geistern und Dämonen, die in der umliegenden Region wohnten!

Doch nicht nur in der Dunkelheit, auch am helllichten Tage gab es rund um den Brunnen herum manch eigenartiges Spektakel: Hexen, Wahrsagerinnen und Prophetinnen tummelten sich hier und wurden auch oft vom Volk aufgesucht. Die einen wollten wissen, wann sie heiraten würden, andere wiederum kauften Glücksbringer und sonderbare Kräutlein. Aber Vorsicht: Diese taten freilich nur dann ihre Wirkung, wenn der, der sie einsetzte, auch wirklich von ihrer Kraft überzeugt war!

Immer wieder erzählte man sich auch von einem magischen grünen Tor. Dieses, so behaupteten die Wahrsagerinnen, läge unterhalb des Agnesbründls und eröffne den Weg zu einem Kristallpalast! Doch nur wer von der Kraft der besonderen Quelle überzeugt war, würde in seine geheimnisvollen Reiche eingelassen werden, hieß es.

Noch heute kann man den besonderen Ort im Wienerwald besichtigen. Aber aufgepasst, denn bloß eine kleine Wegweiser-Tafel nahe des Hermannskogels zeigt die genaue Route an!

101__Die Fee Agnes

Holde Wesen an rauschenden Quellen

Auch Feen lebten und wirkten oft im Umkreis von Wien. Zum Beispiel da, wo heute Sievering liegt. Ja, angeblich gab es dort ein holdes Wesen, Agnes genannt, das schlief am Eingang beim steinernen Wald und sirrte und flirrte des Nachts manchmal heimlich durch die Bäume! Einmal nun ritt der König von Schweden durch das Land. Er jagte im Walde ein Reh, kam jedoch vom Weg ab und erreichte schließlich eine ferne Wiese. Müde geworden, legte er seine Rüstung ab und döste. Plötzlich aber vernahm der hohe Herr eine Stimme, untermalt vom Plätschern eines Baches. Und siehe – die holde Agnes zeigte sich ihm! Sie führte den König zu einer besonderen Quelle, an der er sich stärken konnte, und geleitete ihn am nächsten Tag heim, allerdings ohne Rüstung!

Als die Fee aber nach einiger Zeit ein Mädchen auf die Welt brachte, war ihr mit einem Mal bang! Schließlich jubelte sie das Kind einem Köhler unter, der in ihrer Nähe wohnte, und schrieb auf ein Blatt Papier, dem Kinde sei der Name Agnes gegeben. Freilich hatte der Köhler ein gutes Herz und nahm sich des Mädchens an. Als es heranwuchs, da verliebte es sich mit den Jahren in seinen Ziehbruder Karl. Das gefiel der Fee, und so wollte sie Karl etwas Gutes tun. So trug sie ihm auf, er möge auf der Jägerwiese die Rüstung des Königs von Schweden holen und sich mit ihr bekleiden. Dann solle er in das Lager der Türken aufbrechen und gegen diese in den Kampf ziehen. Brav folgte der junge Mann dem Rat, und schon bald darauf verlieh der Kaiser ihm eine hohe Position in Wien. Leider aber verliebte sich der junge Kerl daraufhin in dessen Hofdame. Als er nun zu Agnes, die inzwischen in einem herrlichen Schloss in Sievering hauste, zurückkam, leugnete er seine Beziehung mit der anderen, und siehe – die Strafe folgte auf dem Fuße, der glänzende Palast sank unter die Erde! Seitdem aber kann man jeden Tag einen Mann in Rüstung sehen, der auf der Jägerwiese sein Unwesen treibt.

Adresse Jägerwiese am Hermannskogel, 1190 Wien | Anfahrt Bus 43A, Haltestelle Höhenstraße | Tipp Am Stadtwanderweg 2 können Sie vom Hermannskogel zum Häuserl am Stoa wandern.

102 Der Hermannskogler Drache

Der etwas andere wütende Wiener

Schenkt man den alten Sagen Glauben, so lebte unter dem Hermanns-kogel in einer Höhle einst ein grauenhafter Drache. Angeblich gelang es nach langer Zeit endlich, diesen zu töten. Wie das geschah? Man fackelte das böse Monster einfach ab! Doch damit nicht genug: Damit diese Region fortan frei von Untieren sei, errichtete der heilige Seve-rin noch eine Kapelle vor der Höhle des Drachen. Diese wurde nach Severins Ableben auch nach ihm benannt. Wahrheit oder Erfindung?

Egal ob Wiener oder Tourist, der Wienerwald war für die Men-schen schon immer ein beliebtes Gebiet, um sich zu erholen – und so lohnt es sich auf jeden Fall, den Hermannskogel zu besichtigen, mit oder ohne Drachen.

Wenn im Frühjahr die Temperaturen steigen, bricht stets, kaum dass der Morgen dämmert, eine Fülle von neugierigen Spaziergän-gern auf ins ländliche Gebiet. Saftige grüne Wiesen und plätschernde Quellen erwarten sie hier. Doch keine Angst, auch wer die Stille liebt, findet in dem ausgedehnten Areal ein abgeschiedenes Plätzchen, an dem man ungestört die Natur genießen kann. Der Hermannskogel ist hier gar keine so schlechte Wahl. Viel besucht allerdings war, ist und bleibt die Jägerwiese. Ob das an dem für Kinder interessanten Strei-chelzoo liegen mag? Was nun aber den Hermannskogel betrifft, der im Nordwesten an den 19. Wiener Gemeindebezirk angrenzt und sich dank seiner Höhe durchaus nicht allzu geringer Bedeutung erfreut, so wird dieser – wahrscheinlich wegen des anstrengenden Aufstie-ges – schon etwas seltener besucht. Dennoch ist und bleibt die vom Touristenclub im Jahre 1888 dort errichtete Aussichtswarte für Kin-der und Erwachsene eine beliebte Besonderheit. So das Wetter mit-spielt, kann man von hier aus einen malerischen Ausblick genießen. In geringer Entfernung von der viel besuchten Jägerwiese liegt auch das Agnesbründl, das zu besichtigen es sich lohnt (siehe Ort 100).

Adresse Habsburgwarte am Hermannskogel, 1190 Wien | ÖPNV Bus 43A, Haltestelle Höhenstraße | Öffnungszeiten April–Okt. nur bei schönem Wetter Sa 13–18 Uhr, So und Feiertage 10–17 Uhr | Tipp Das Gasthaus zum Agnesbrünnl an der Jägerwiese erfreut mit einem besonderen Milchrahmstrudel.

103 Die Hermannskogler Nonne

Vom Waldteufel mit Hut

Über den Hermannskogel erzählt man sich, dass auf ihm vor langer Zeit einmal ein Kloster gestanden habe. Um dieses Kloster nun rankt sich folgende Geschichte: Es geschah, dass eine fromme Nonne einmal einem jungen Jäger begegnete. Und jung wie sie war, konnte sie einfach nicht widerstehen. Das gab vielleicht heitere Stunden in ihrer Zelle! Doch die fröhliche Zeit währte leider nur kurz. Als der Jäger nämlich eines Nachts wie eh und je zu seinem Schäferstündchen erschien, da berichtete er der jungen Frau von einem geheimnisvollen Schatz im Wald. Diesen galt es zu heben, und dann könnten sie gemeinsam, so der Jäger, mit dem Geld fliehen und ein neues Leben beginnen! Die Nonne, naiv und gutgläubig wie sie war, stimmte ein und packte ihr Bündel.

So machte man sich auf, um den Schatz zu finden. Aber als der Jäger und die Nonne den Wald betraten und die Nonne sich umdrehte, um nach ihrem Begleiter zu sehen, da stockte ihr mit einem Mal der Atem. Das war ja gar nicht mehr ihr geliebter Jägersmann! Vielmehr stand ganz plötzlich der Teufel selbst hinter ihr. Und damit nicht genug! Er schwoll auch noch an, grinste hämisch und streckte seine Krallen nach ihr aus, während sich seine Ohren zu Hörnern deformierten.

Die junge Nonne nahm schreiend Reißaus und wollte wieder zurück in ihre Zelle eilen, doch da schwanden ihr die Sinne, und sie brach zusammen. Befriedigt griff Luzifer nach dem leblosen Körper und schleifte ihn sofort mit sich in die Hölle.

Seitdem aber irrt die Seele der Nonne in dieser Region umher und findet keine Ruhe. Wenn die Sommernächte besonders lau sind, kann man sie angeblich sogar wimmern hören! Manch einer behauptet auch, die arme Frau auf der Wiese beim Bründl selbst gesehen zu haben. Aber ist wirklich sie es, die die Kreuze in die Steine im Wald hineinschabt? Wie auch immer. Bestimmt wird es noch einige Zeit so weitergehen, bis sie erlöst ist – oder?

Adresse Hermannskogel, 1190 Wien | **ÖPNV** Bus 43A, Haltestelle Höhenstraße | **Tipp** Bei Teufeln und Drachen sollte man vorsichtig sein! An der Höhenstraße kann man außerdem im Fischerhaus (Rohrerwiese 223) einkehren, wenn man genug von der Wiener Küche hat und sich einmal nach guter italienischer Pasta sehnt.

104 Der Kahlenberger Lindwurm

Wer schlummert da vor seiner Höhle?

Nicht nur Drachen, auch Lindwürmer, die ja mit den Drachen verwandt sind, haben Wien immer wieder unsicher gemacht. So auch der grausame Lindwurm auf dem Kahlenberg, der angeblich im 12. Jahrhundert sein Unwesen getrieben haben soll. Laut Berichten war niemand bereit, gegen das unheimliche Monstrum anzutreten. Dabei fraß der Lindwurm Menschen eigentlich nur zur Not! Ja, wirklich, meist lag er bloß im Halbschlaf vor seiner Höhle und ließ sich die Sonne auf den Bauch scheinen. Nur selten, wenn der Lindwurm wirklich hungrig war, plünderte er ein paar Schafe aus den Ställen oder fraß einen Pilger mit Haut und Haaren bis auf die Schuh!

Dennoch vertraten alle Wiener die Überzeugung, man müsse das Monster zur Strecke bringen. Aber wie? Zum Glück kam einem besonderen Burschen der Region eines Tages die zündende Idee, und er scharte ein paar kräftige Männer um sich. Sie fügten aus Brettern eine lange Kiste zusammen, wobei sie bewusst eine Seite offen ließen und auf der anderen Seite eine kleine Öffnung platzierten, gerade breit genug für den Kopf des Lindwurms. Als man mit der Arbeit fertig war, wurde die Kiste nun den Berg hinauftransportiert. Da band man sie an den Stämmen der Bäume vor dem Höhleneingang mit Ketten fest. Kaum war diese Arbeit verrichtet, so wurde ein kleines Kalb an einen angrenzenden Baum gebunden. Das roch der Lindwurm natürlich sofort. Mit tatzigen Schritten hastete er ins Freie, gerade ab in die Kiste – und blieb sofort stecken. Auf diesen Moment hatten die Männer nur gewartet! Sofort entfachten sie ein Feuer, und es dauerte nicht lang, da erstickte der Lindwurm. Vom toten Körper des Tieres wird erzählt, dass man ihn an der Fassade eines Gasthofes anbrachte, wo er lange besichtigt werden konnte.

Ob man heute wohl immer noch solche geheimnisvollen Artgenossen auf dem Kahlenberg findet?

Adresse Kahlenberg, 1190 Wien | **ÖPNV** Bus 38A, Haltestelle Kahlenberg | **Tipp** Bei Schönwetter ist die Stefanie-Warte geöffnet!

105_Die Brigittakapelle

Eine heilige Namensgeberin

Geht man mehrere hundert Jahre zurück, so bot Wien einen ganz anderen Anblick. Damals flossen viele Ströme durch den heutigen 20. Bezirk, und die Ufer der Donau waren mit allerlei kleinen Wäldern umwuchert. Durch all die verzweigten Arme der Donau entstanden Inseln. Da man sie nicht als Ackerland nutzen konnte, beschlossen die Bauern bald schon, ihr Vieh in diesen Regionen zu weiden. In dieser malerischen Landschaft, die damals den Namen Wolfsau trug und von einer Handelsstraße durchzogen wurde, spielt eine Sage aus der Zeit des Dreißigjährigen Krieges.

Man hatte eine sogenannte Wolfsschanze aufgeschüttet, eine große Festungsanlage, die aus Erdwällen bestand! Von so besonderer strategischer Bedeutung war diese Schanze, dass bald schon ein großer Kampf um sie ausbrach. Schon lange führten Österreich, Deutschland und Böhmen ihren unerbittlichen Krieg, und ganze Landstriche fielen der Verheerung anheim. Eines Tages schließlich belagerten die schwedischen Musketiere die Schanze, was dem Kaiser nicht gefiel. Er rief zu einem grausamen Kampf, in dem drei Tage lang unermüdlich die Kanonen feuerten.

Zum Glück kam dem Kaiser da Erzherzog Wilhelm von Österreich zu Hilfe. In der Nähe der Schanze schlug er sein Zelt auf und legte sich schlafen, um sich am nächsten Morgen in die Schlacht zu stürzen. Aber siehe, kaum dass er aufgewacht war und sein Morgengebet sprach, dröhnte und donnerte es – und eine Kanonenkugel riss das Zeltdach mit sich! Da ergriff den hohen Herrn eine namenlose Angst. Doch die Kugel kam einfach so auf dem Boden zu liegen, und niemand wurde verletzt! Wilhelm atmete auf, dankte Gott und ließ genau an dieser Stelle eine Kapelle errichten. Weil der Krieg gegen die Schweden geführt worden war, widmete man sie der heiligen Brigitta von Schweden. Die »Brigittakapelle« steht noch heute und wurde schließlich zur Namensgeberin der gesamten Region.

Adresse Brigittakapelle, Forsthausplatz, 1200 Wien | ÖPNV Bus 5A, Haltestelle Aigner-
straße | Öffnungszeiten Mo–So 8–18 Uhr | Tipp Die Sporthalle Brigittenau gleich gegen-
über zahlt sich für alle aus, die sich fit halten wollen!

106 Die Glocke von Stammersdorf

Von gestohlenen Glocken und mutigen Burschen

Es geschah vor langer Zeit einmal, dass die Donau wieder über ihre Ufer trat. Da wurden viele Höfe und viele Felder des 21. Bezirkes durch die Überschwemmung vernichtet, und nicht wenige brave Bürger fielen den Fluten zum Opfer.

Viele Jahre später begab sich ein junger Hirte an die Arbeit und zog von Strebersdorf nach Jedlersdorf, um seine Schafe zu weiden. Aber, was war das? Als der junge Mann auf den Erdboden blickte, da schimmerte ihm mit einem Mal etwas entgegen! Sofort rief der Hirte ein paar starke Männer aus Jedlersdorf herbei, und kaum hatte man genauer nachgesehen, da stieß man auf eine riesengroße und in feinstem Golde glänzende Glocke! Die wollten sie unbedingt mit heimnehmen, dachten sich die Männer. Leider aber waren die Straßen in der Gegend sehr holprig und von wildem Gestrüpp umwachsen, sodass es den Jedlersdorfern nicht gelang, die Glocke zu transportieren.

Zum Glück kamen ihnen die Stammersdorfer Nachbarn zu Hilfe – doch diese schafften das besondere Utensil freilich in ihr eigenes Dorf und wollten es gar nicht mehr hergeben. Da beschlossen die Jedlersdorfer, sich zu rächen! Bei Nacht und Nebel schlichen sie zu der schönen Glocke und schlugen Nägel hinein, woraufhin diese natürlich überhaupt nicht mehr hell und freundlich tönte. Dennoch – so munkelt man – war dieses Fundstück ein wichtiger Bestandteil der Kirche in Stammersdorf, einer römisch-katholischen Pfarrkirche.

Die Pfarre selbst ist dem heiligen Nikolaus geweiht und steht heute unter Denkmalschutz. Die Kirche befindet sich nördlich der Stammersdorfer Straße im Zentrum des Ortes. Etwas erhöht auf einem Ausläufer des Bisamberges liegend, zeichnet sie sich durch ihre malerische Umgebung aus und kann bis heute besichtigt werden. Was das Dorf selbst betrifft, so wurde dieses in etwa gegen Ende des 10. Jahrhunderts nach der Schlacht auf dem Lechfeld gegründet.

Adresse Katholische Kirche Stammersdorf, Stammersdorfer Straße 35, 1210 Wien |
ÖPNV Bus 30A, Haltestelle Freiheitsplatz | Öffnungszeiten Mo–Fr 10–18 Uhr, Sa
und So 10–19 Uhr | Tipp Sollten Sie im Sommer unterwegs sein, bietet es sich an, im
Familienbad Stammersdorf einzukehren!

107 — Das Mariataferlbild

Eine robuste Gnadenstatue

Ein sehr robustes Werk ist dieser Kupferstich, den man heute noch in Jedlersdorf besichtigen kann. Dementsprechend ranken sich viele Erzählungen um das sogenannte »Mariataferlbild«. So wird berichtet, dass es einst von einem Jedlersdorfer gekauft worden sei. Dieser fand besonderen Gefallen an dem einfachen Kupferstich, der die Gottesmutter Maria zeigt, und ließ dem Bildnis die größte Verehrung zukommen: So betete er jeden Tag auf Knien vor der Darstellung. Im Jahre 1745 jedoch brach ein großes Feuer in Jedlersdorf aus und raffte ganze Straßenzüge dahin. Schließlich hatte einer der Bewohner der Region die Idee, der heiligen Gottesmutter ein Opfer darzubringen – und da dachte man freilich gleich an das Mariataferlbild! Bestimmt würde die heilige Maria sich milde zeigen und ihnen helfen und den Brand tilgen, wenn man dieses Werk in die Flammen warf, oder? Gesagt, getan. Und kaum hatte man das Gemälde den Flammen übergeben, schwupps, da erloschen sie mit einem Mal!

Erstaunt von diesem Wunder brauchten die Jedlersdorfer einige Zeit, um sich zu fassen. Schließlich aber, als man dabei war, die Asche wegzukehren, was sah man da aus dem Schutt emporragen? Ebenjenes Marienbildnis! Nur ein winziger Kratzer fand sich in der Mitte, aber ansonsten sah es aus wie immer! Was für ein Wunder!

Doch damit nicht genug, noch einen weiteren Brand überlebte das besondere Bildnis: Als im Jahre 1809 die Franzosen die Kirche in Brand setzten, erlitt der Kupferstich keinerlei Schaden. Das Gotteshaus wurde wiederaufgebaut und das Mariataferlbild am 13. September 1824 an derselben Stelle wie zuvor aufgehängt.

Noch heute kann man es in der Wallfahrtskirche Klein-Maria-Taferl besichtigen. Die römisch-katholische Pfarrkirche im Bezirksteil Großjedlersdorf ist dem heiligen Karl Borromäus geweiht und steht unter Denkmalschutz.

108 Der Doktor und der Teufel

Paracelsus auf Abwegen

Eines Tages machte der Doktor Theophrastus Paracelsus, der damals noch ein junger Bursche war, eine besondere Erfahrung – er begegnete dem Teufel höchstpersönlich!

Das alles begann so: Fröhlich ging Theophrastus Paracelsus im Wald spazieren und sammelte Pflanzen und Kräuter für seine Tinkturen, da hörte er plötzlich eine krächzende Stimme, die laut um Hilfe rief. Theophrastus sah weit und breit niemanden, doch da sprach ihn die Stimme erneut an: »Ich bin ein dunkler Geist! Ein Geisterbeschwörer hat mich in die Höhle dieses Baumes eingesperrt und sie mit einem Zäpfchen verschlossen! Bitte, befreie mich! Ich gebe dir alles!« Theophrastus dachte nach. Dass es unklug war, den dunklen Geist zu befreien, war ihm bewusst. Schließlich meinte er: »Nun gut, dann hör mir genau zu: Erstens will ich für meine Hilfe eine Arznei haben, die gegen alle Krankheiten hilft, und zweitens eine Tinktur, die alles in Gold verwandelt.« Die Stimme versprach, dem Doktor all das zu verschaffen. So nahm Paracelsus sein Messer und schälte das Zäpfchen heraus. Und im nächsten Moment krabbelte aus dem hohlen Baum eine schwarze Spinne, sprang zu Boden und nahm die Gestalt eines Mannes an, aber nicht irgendeines Mannes ... Ja genau, es war der Teufel selbst! Der Höllenfürst war aber recht freundlich und übergab Paracelsus sofort seinen Lohn. Paracelsus bedankte sich und lobte den Teufel schmeichlerisch. Wie großartig es doch sei, dass er sich in ein so kleines Tier wie die Spinne verwandeln könne! Da verwandelte sich der Teufel noch einmal in die Spinne, um ihm zu imponieren, und kroch zurück in das Loch. Genau darauf hatte Theophrastus gewartet! Schnell steckte er das Zäpfchen wieder ins Loch hinein – und siehe da, der Bösewicht war wieder gefangen!

Paracelsus aber wurde einer der berühmtesten Ärzte und heilte mit der Arznei und dem Goldwasser des Teufels viele Arme und Kranke.

Adresse Paracelsus-Denkmal beim Donauturm, Donauturmstraße 8, 1220 Wien | ÖPNV Bus 20A, Haltestelle Donauturm | Tipp Das Donaubräu im Donauturm erfreut mit kulinarischen Köstlichkeiten.

109 — Das Wamperte Kreuz

Wenn Bildstöcke Diäten bräuchten

Vor etwa hundert Jahren war die Region rund um Breitenlee dicht von wuchernder Vegetation bewachsen. Weniges ist aus dieser Zeit geblieben. Aber ein Objekt hat sich dennoch als recht robust erwiesen: ein Sühnekreuz, ein gedrungener Pfeiler aus Stein. Dieser besitzt eine nach Osten hin ausgerichtete Tabernakelöffnung und kann auch noch auf alten Karten gefunden werden. Dort wird das Kruzifix auch als »Weißes Kreuz« bezeichnet. Unter den gemeinen Bürgern aber nennt man diese touristische Besonderheit bis heute auch »Dickes Kreuz« oder »Wampertes Kreuz«.

Warum das Kreuz errichtet wurde, dazu finden sich keine Aufzeichnungen, weder Urkunden noch Briefe oder andere historische Quellen. So gibt es verschiedene Theorien. Es könne sich bei dem unförmigen Ding um eine Art Marterl handeln, vielleicht wurde es aber auch in Gedenken an einen an diesem Ort Verstorbenen errichtet. Es könnte sich sogar ganz banal um eine Orientierungshilfe handeln.

Früher aber ging lange die Sage, dass es mit dem Kreuz folgende Bewandtnis habe: In der Region um Raasdorf lebte einst ein wackerer Ritter, der in den Krieg ziehen musste. Diesem Ritter nun war seine Frau das Liebste auf der Welt, und so gelobte er vor Gott dem Herrn, an dem Ort, an dem er sie bei seiner Wiederkehr erblicken sollte, ein Kreuz errichten zu lassen. Dergestalt zogen die Jahre ins Land, und es geschah, dass der Ritter genau dann, als schon keiner mehr damit rechnete, zurückkehrte. Sofort sah er sich nach seiner Frau um. Wie groß aber war seine Enttäuschung, als er diese mit einem anderen vorfand! Der grausame Ritter hielt trotzdem Wort und errichtete den Bildstock – aber er ließ in ihn seine schwangere Frau einmauern, wodurch das Kreuz sein Wamperl bekam! Wahrheit oder Mythos? Bei der Renovierung des Kreuzes 2009 / 2011 jedenfalls wurde kein Hinweis gefunden, dass in diesem Kreuz jemals ein Mensch gewesen wäre.

Adresse Wampertes Kreuz, Breitenleer Straße / Telefonweg, 1220 Wien | ÖPNV Bus 24A, Haltestelle Neueßling | Tipp In der angrenzenden Region zahlen sich Spaziergänge allemal aus!

110___Eine teuflische Mühle
Wenn Farben sich verändern

Ein Ort besonderer Mühlen mag Wien früher gewesen sein. Berühmt und berüchtigt ist auch die Teufelsmühle am Wienerberg, die sich in Siebenhirten befindet. In dem Bau hat es früher ordentlich gespukt! Das Ganze ging in früheren Tagen sogar so weit, dass sich keiner mehr traute, auch nur die umliegenden Wege zu betreten.

Da wurde es dem Herzog Albert schließlich zu bunt, und er suchte nach einem besonders tapferen Burschen, den er auch in einem gewissen Ritter Reinprecht fand. Dieser nun wurde losgeschickt, um an dem magischen Ort herauszufinden, was es mit dem Spuk auf sich hatte. Gesagt, getan: Guten Mutes brach Reinprecht auf. Zwar warnte ihn unterwegs ein Pilger vor Geistern. Der Ritter aber lachte ihn aus und entgegnete, dass er ja nur die Lieblingsfarbe der Geister auskundschaften wolle.

Die erste Nacht in der magischen Mühle verstrich ohne größere Komplikationen! Nur eine Sache erschreckte den Ritter Reinprecht ein wenig am nächsten Morgen: Die weißen Federn seines Helmes nämlich waren plötzlich schwarz geworden! Nach der zweiten Nacht in der Mühle fand der Ritter gar seine treuen Kumpane am folgenden Tag ganz angeschwärzt vor! Als es nun zum dritten Mal Mitternacht wurde, da erreichte der Spuk seinen Höhepunkt: Ein Rasseln und Dröhnen erklang, und die verfallene Mühle schien mit einem Mal lebendig zu werden. Alles setzte sich in Bewegung!

Als der Morgen graute, blickte Ritter Reinprecht erschöpft um sich. Und siehe: Wie von Geisterhand waren sie alle dieses Mal nicht schwarz, sondern weiß und von feinstem Mehlstaub überzogen. Ritter Reinprecht wusste nicht, wie er seinem Herrn von den Ergebnissen seiner »Untersuchung« berichten sollte – und schwieg lieber darüber! Der Herzog aber hörte trotzdem davon, und zwar von einem Narren, der in der Fastnacht in schwarz-weißem Gewand auftrat und verkündete, dieser Aufzug sei ihm von dem Teufelsmüller geschenkt worden.

Adresse Triester Straße/Ecke Ketzergasse, 1230 Wien; hier befand sich einst die Teufels-
mühle, später dann Gasthaus, jetzt aber nicht mehr in Betrieb | **ÖPNV** Badener Bahn,
Haltestelle Vösendorf-Siebenhirten | **Tipp** Im Wienerberg-Park findet man den malerischen
Wienerbergteich.

111 Die wilde Fahrt
Vom freundlichen Bauern

Eines Abends ging ein Wiener Bauer spazieren. Als er schon eine Zeit lang so seines Weges geschritten war, da vernahm er mit einem Mal ein lautes Gezeter, und er sah einen Fuhrmann auf der Straße. Als der gutherzige Bauer sah, wie der Fuhrmann seine Pferde hart züchtigte, beschloss er schließlich, einzugreifen: »Es hilft nichts, die armen Tiere derart zu prügeln!«, meinte er wohlüberlegt und sanft. »Das erschöpft sie nur noch mehr! Wartet, ich helf' euch lieber ein wenig!« Der hilfsbereite Bauer erkannte, dass der Wagen im Boden feststeckte, und so packte er kräftig unter seine Unterseite und hob ihn mit Schwung genug empor, dass ihn der Fuhrmann mit der Kraft der Pferde befreien konnte. Da freute sich der eben noch so ungehaltene Fuhrmann aber sehr! So entstand ein angenehmes Gespräch, und als es Zeit war weiterzuziehen, schlug der Fuhrmann dem Bauern vor, eine Weile gemeinsam auf dem Wagen zu reisen. So kletterte der Bauer dankbar auf die Kutsche, während der Fuhrmann neben ihm hermarschierte. Schließlich aber meinte der Bauer: »Nun setzt euch doch auch her!« Der Fuhrmann aber entgegnete bloß, den Helden spielend: »Ich gehe lieber neben dem Wagen, da sehe ich den Weg besser.« Doch es verging nicht viel Zeit, da hockte er sich, faul wie er war, dann doch zu dem Wiener Bauern.

Kaum aber hatte er die Zügel wieder selbst in die Hand genommen, begannen die Pferde wie wild zu rasen! Sie rannten und tobten wie ein Wirbelsturm, sodass die beiden Männer nicht mehr wussten, wo ihnen der Kopf stand. Dergestalt ging es viele, viele Stunden im Galopp durch Wälder und Wiesen.

Ja, so arg sollen sie es getrieben haben, dass unser armer tüchtiger Bauer erst nach vier Tagen wieder nach Hause zurückkam. Und er sah unendlich abgekämpft aus! Freilich wollten seine Freunde wissen, wo er denn so lang geblieben sei, und sie erfuhren, dass der Arme bis nach Mariazell gefahren sei – und dann gleich wieder zurück!

Adresse Burg Perchtoldsdorf am Wiener Stadtrand | ÖPNV Bus 256, Haltestelle Perchtolds-dorf Marktplatz | Tipp In unmittelbarer Nähe befindet sich der Begrischpark.

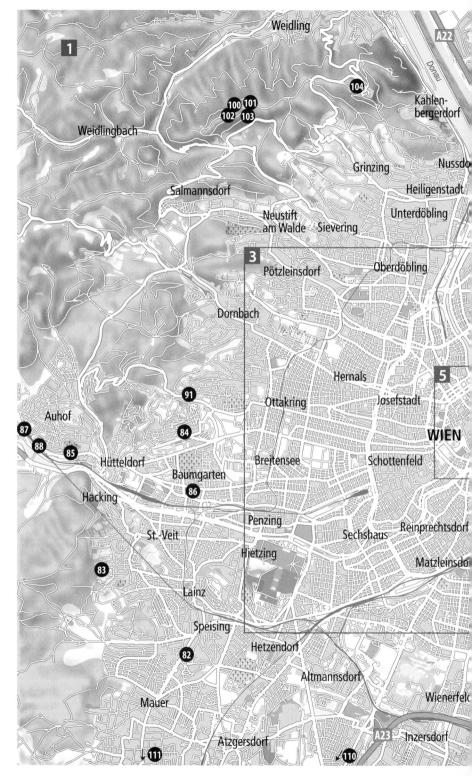

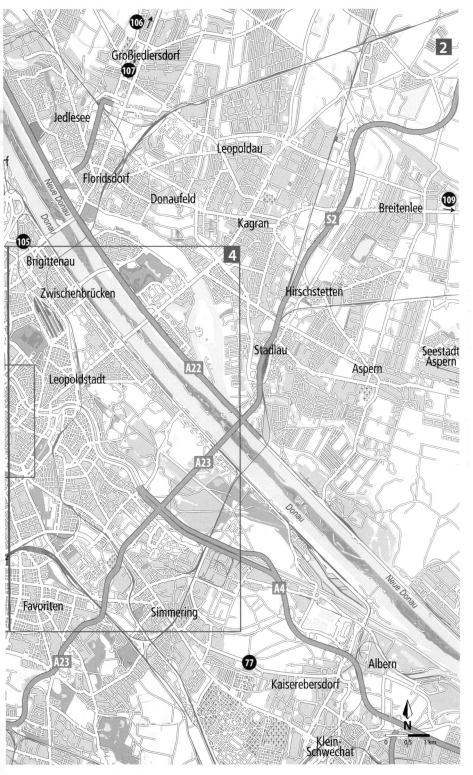

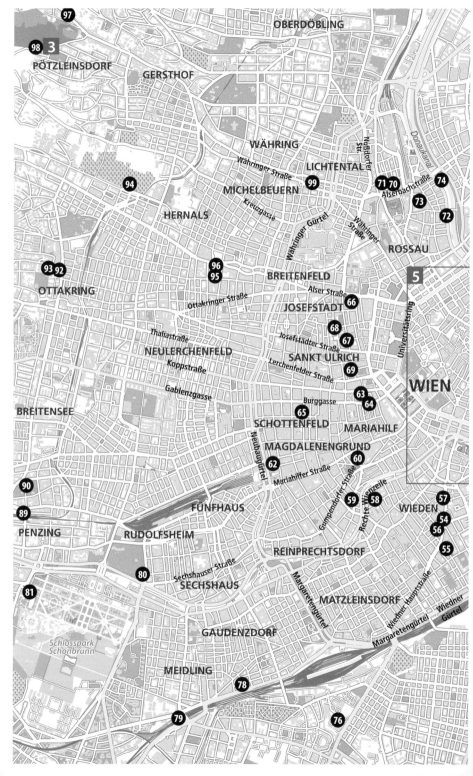

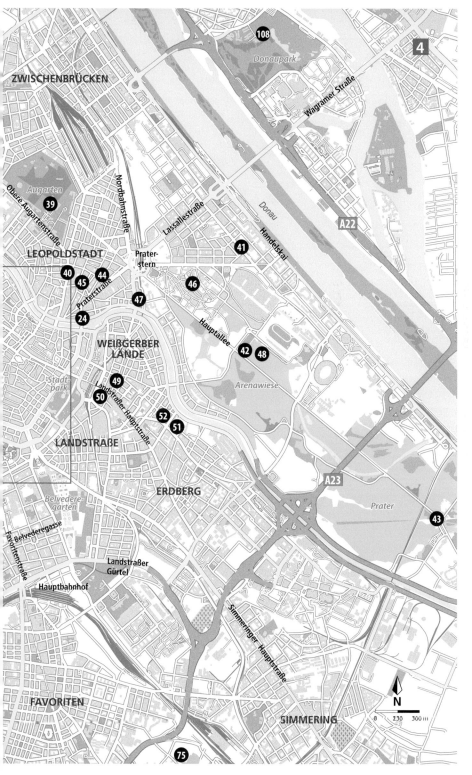

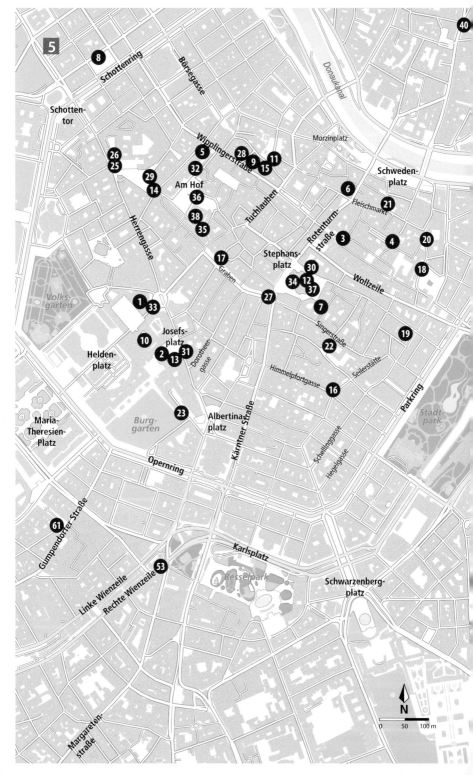

Karl Haimel, Peter Eickhoff
111 Orte in Wien, die man gesehen haben muss
ISBN 978-3-89705-969-6

Gerd Wolfgang Sievers
111 Orte der Wiener Küche, die man erlebt haben muss
ISBN 978-3-95451-337-6

Sabine M. Gruber
111 Orte der Musik in Wien, die man erlebt haben muss
ISBN 978-3-7408-0348-3

Bernadette Németh
111 Orte für Kinder in Wien, die man gesehen haben muss
ISBN 978-3-7408-0558-6

Stefan Spath
111 Orte in Salzburg, die man gesehen haben muss
ISBN 978-3-95451-114-3

Dietlind Castor
111 Orte am Bodensee, die man gesehen haben muss
ISBN 978-3-95451-063-4

Gerd Wolfgang Sievers
111 Orte im Burgenland, die man gesehen haben muss
ISBN 978-3-95451-229-4

Gerald Polzer, Stefan Spath, Pia Claudia Odorizzi von Rallo
111 Orte im Salzkammergut, die man gesehen haben muss
ISBN 978-3-95451-231-7

Gerald Polzer, Stefan Spath
111 Orte in Graz, die man gesehen haben muss
ISBN 978-3-95451-466-3

Marion Rapp
111 Schätze der Natur rund um den Bodensee, die man gesehen haben muss
ISBN 978-3-95451-619-3

Andrea Nagele, Marion Assam, Martin Assam
111 Orte in Klagenfurt und am Wörthersee, die man gesehen haben muss
ISBN 978-3-95451-591-2

Susanne Gurschler
111 Orte in Tirol, die man gesehen haben muss
ISBN 978-3-95451-834-0

Gerald Polzer, Stefan Spath
111 Orte in Oberösterreich, die man gesehen haben muss
ISBN 978-3-95451-857-9

Gerald Polzer, Stefan Spath, Antonia Schulz
111 Orte in der Steiermark, die man gesehen haben muss
ISBN 978-3-7408-0140-3

Erwin Uhrmann, Johanna Uhrmann
111 Orte im Waldviertel, die man gesehen haben muss
ISBN 978-3-7408-0346-9

Susanne Gurschler
111 Orte in Innsbruck, die man gesehen haben muss
ISBN 978-3-7408-0343-8

Robert Preis, Niki Schreinlechner
111 schaurige Orte in der Steiermark, die man gesehen haben muss
ISBN 978-3-7408-0445-9

Erwin Uhrmann, Johanna Uhrmann
111 Orte in der Wachau, die man gesehen haben muss
ISBN 978-3-7408-0565-4

Kristof Halasz
**111 Orte in Vorarlberg, die
man gesehen haben muss**
ISBN 978-3-7408-0568-5

Monika Schmitz
**111 Orte im Lungau, die
man gesehen haben muss**
ISBN 978-3-7408-0573-9

Daniela Dejnega, Luzia Schrampf,
Tobias Fassbinder
**111 Weine aus Österreich, die
man getrunken haben muss**
ISBN 978-3-7408-0618-7

Dorothee Fleischmann,
Carolina Kalvelage
**111 Orte in Budapest, die man
gesehen haben muss**
ISBN 978-3-95451-744-2

Matěj Černý, Marie Peřinová
**111 Orte in Prag, die man
gesehen haben muss**
ISBN 978-3-95451-927-9

Ranka Keser
**111 Orte in Kroatien, die
man gesehen haben muss**
ISBN 978-3-7408-0557-9

Lust auf mehr? Laden Sie sich
die »LChoice«-App runter, scannen
Sie den QR-Code und bestellen
Sie weitere Bücher direkt in Ihrer
Buchhandlung.

Die Autorin

Sophie Reyer wurde 1984 in Wien geboren, wo sie auch heute lebt. Nach dem Studium an der Kunsthochschule für Medien Köln erlangte sie 2017 den Doktor der Philosophie in Wien. Sophie Reyer hat bereits zahlreiche Theaterstücke sowie Romane geschrieben, die unter anderem bei S. Fischer, Edition Atelier oder Czernin erschienen. Sie erhielt 2010 und 2013 den Literaturförderpreis der Stadt Graz und 2013 den Preis »Nah dran!« für das Kindertheaterstück »Anna und der Wulian«. Sie gibt zudem Lehrgänge für Film-, Medien- und Theaterwissenschaft an der Uni Wien und der Pädagogischen Hochschule Hollabrunn.

Die Fotografin

Johanna Uhrmann ist in Niederösterreich geboren und aufgewachsen. Sie ist Grafikdesignerin, Fotografin und Kunsthistorikerin und lebt in Wien. Sie veröffentlichte unter anderem ein wissenschaftliches Buch über den Wiener Architekten Anton Valentin und gestaltet Kunstkataloge und Kunstbücher für Museen sowie Sachbücher und Zeitschriften. Sie liebt Architektur und reist gern. Von Johanna Uhrmann erschienen bisher »111 Orte im Waldviertel, die man gesehen haben muss« und »111 Orte in der Wachau, die man gesehen haben muss«, gemeinsam mit Erwin Uhrmann.